なかなか自分で決められない人のための「決める」技術

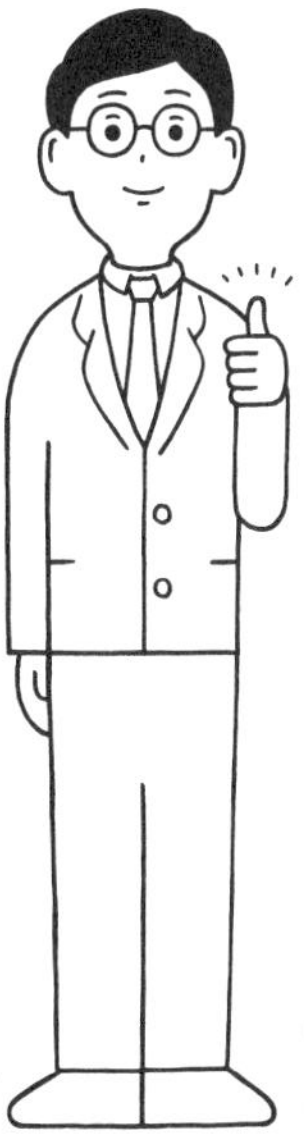

実践経営コンサルタント
柳生雄寛
yagyu taketomo

Discover
ディスカヴァー

はじめに

——すばやく正しい決断ができれば、仕事も人生もうまくいく！

あなたは物事を「すぐに決められる」ほうですか？
それとも、「なかなか決められない」ほうですか？

「なかなか決められない」という方、大丈夫です。
本書を読めば、すぐに正しい決断ができるようになりますから。
「すぐに決められるよ！」という方も、本書を閉じるのはちょっと待ってください。
あなたは「決める」ということの本当の意味をご存じですか？

もしかしたら、あなたは「決めている」と思っているだけで、本当は「決めていない」かもしれません。

実際、そういう思い違いをしている人はたくさんいます。

じつは、「決めたと思っている」だけの人が結構多いのです。

また、あなたは「決める基準」を持っていますか？

もし、その場その場で適当に決めているということであれば、この機会に「あなたなりの決める基準」を確立してほしいと思います。

さらに、あなたがしているその決断は正しいですか？

実際、決めたことは決めたけれど、その決断が結果的には間違っていた、ということは少なくありません。

これでは本当の「決断力」があるとはいえないでしょう。

本書の目的は、あなたが「すぐに」「正しい」決断ができるようになることで、あなたに人生の目的を達成してもらうことです。

人生の目的は人によっては幸せになることかもしれませんし、成功することかもしれません。

いずれにしても、すぐに正しい決断ができるようになれば、人生は本当にうまくいくようになります。幸せにもなれますし、成功もできます。

ですので、あなたにもより良い人生を歩んでいただきたくて、これまで私自身が実践し、経営コンサルタントとして多くの経営者やビジネスマンたちに伝授してきた「決め方の極意」を紹介することにいたしました。

さらに、単に決め方のノウハウだけでなく、決めたことを継続するためのノウハウや、決断の先にある「幸せ」や「成功」を手に入れる方法にまで言及しています。

そういう点では、他の「決め方」の本とは一線を画しているといえるでしょう。決め方の本というよりは、幸せや成功を手に入れるための本といったほうがいいかもしれません。

第1章では、多くの人がなかなか決められない理由についてお話しします。もし、あなたがなかなか物事を決められないほうだとしたら、その原因はこの中にあるかもしれません。

第2章では、多くの人が勘違いしている「決める」ということの本当の意味についてお話しします。もしかすると、あなたは「決めている」つもりでも、「決めたと思っている」だけかもしれません。

第3章では、物事を速く正しく決めるノウハウについてお話しします。このノウハウを知れば、誰でも速く正しい決断ができるようになります。

第4章では、「決断力」がアップする習慣についてお話しします。日々の努力の積み重ねが、決断力のアップにつながります。

第5章では、決めたことを続けるコツについてお話しします。何かをやると決めたら、それを続けなければ意味がありません。三日坊主で終わってしまうことが多い人は、ぜひこの章を読んでいただきたいと思います。


すばやく正しい決断ができるようになれば、これまで無駄に使っていた決断までの時間が短縮され、時間をもっと有効に使うことができるようになります。

さらに、決断力を身につける過程で、あなたなりの価値観の整理もできますので、自分の価値観を再認識でき、自分の価値観に合った充実した人生を送ることもできるようになるでしょう。

なお本書では、決め方のノウハウを実践し、成功を手に入れた人を「決断できる人」と呼んでいます。

さあ、あなたも「決断できる人」への第一歩を踏み出しましょう！

実践経営コンサルタント　柳生雄寛

なかなか自分で決められない人のための「決める」技術●目次

第1章

「決められない」にはワケがある

第2章 そもそも「決める」とは、どういうことなのか？

第3章

物事を速く正しく決めるコツ

第4章

「決める力」がアップする習慣

第5章

決めたことを続けるコツ

第1章

「決められない」にはワケがある

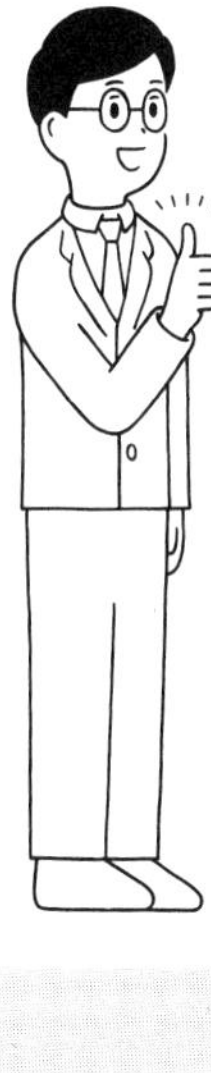

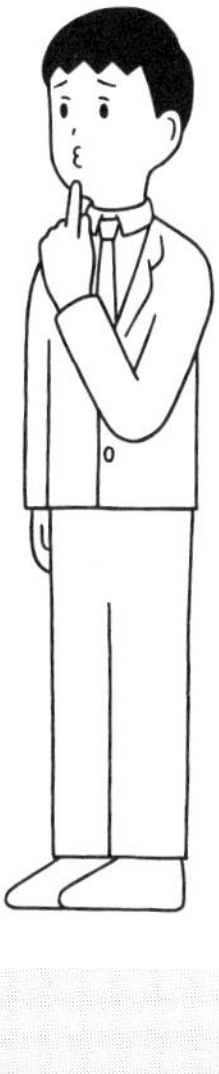

01

決められない人

なんとなく人生を歩んでいる

決断できる人

自分の人生を経営している

突然ですが、あなたは経営者ですか？

「いや、私は経営者じゃないですけど……」と思った人に質問です。

では、あなた自身の人生は、誰が経営していますか？

「そんなことは考えたこともない」とか、「深く考えずに、ただなんとなく生きている」という人も多いのではないでしょうか。


経営というと、会社やお店をイメージする方が多いかもしれません。でも、**じつは自分の人生も、お店や会社と同じです。**

きちんと経営しないと、自分自身が成長しませんし、自分の夢をかなえることもできません。また、経営に失敗すれば、倒産（破綻）してしまうかもしれないのです。


では、あなたの人生を経営しているのは誰でしょうか？

あなたの親ですか？

あなたの学校の先生ですか？

あなたが勤めている会社の社長でしょうか？

違いますよね。

あなたの人生の経営者はあなた自身。**あなたが自分の人生の経営者**なのです。
まずはこのことに気づくことが大切です。

しかし、自分の人生の経営者が自分自身であると気づいただけでは、ほとんど何も変わることはありません。
なぜなら、経営者がすべきことが何かを知らなければ、経営者としての行動ができないからです。自分の人生を自分自身で経営するために、まず経営者がいったい何をする人なのかを本質的に理解することが必要なのです。

では、経営者の仕事とは何なのでしょうか？
難しく考えるのではなく、わかりやすくシンプルにひも解いてみたいと思います。

その前に、「仕事」という言葉の定義を明確にしておきましょう。
じつは、「仕事」には対になる言葉があります。それは「作業」です。
作業とは、「すでに決められている行動やアクション」のことです。
たとえば、「Aの場所にあるものをBの場所に運ぶ。Aの場所にあるものをBの場所に運ぶ。Ａの場所にあるものをＢの場所に運ぶ……」というように、すでに決まった行動やアクションを繰り返すことが「作業」です。

これに対して、**仕事とは、すでに決まっていることではなく、「自ら決めて動く行動やアクション」のこと**です。

そして、「作業」と「仕事」を合わせたものが、会社の「業務」なのです。

要するに、「業務」の中に「作業」と「仕事」があるということであり、言い方を変えれば、「業務」は「作業」と「仕事」に分けられるということです。

しかしながら一般には、「作業」「仕事」「業務」の言葉をしっかりと定義せずに、あいまいなまま混同して使われていることが多いようです。

さて、作業と仕事の違いがわかったところで、あなたに質問です。

会社には、経営者から一般社員まで、さまざまな階級の人がいますが、まず一般社員が行う日常業務は、「作業」と「仕事」、どちらの割合が多いでしょうか？

「作業」ですよね。

では、一般社員と課長を比べた場合、「仕事」の割合が多いのはどちらでしょうか？

当然、課長ですよね。
では、課長と部長を比べた場合、「仕事」の割合が多いのはどちらでしょう？
はい、部長ですね。
では、部長と経営者では？
そう、経営者ですね。
つまり、会社の中で「仕事」の割合が一番多いのは経営者だというわけです。

そして、「仕事」とは先ほど定義したように「自ら決めて動く行動やアクション」のことですから、**経営者の仕事は「決める」ことである**ということができます。

では、売上アップするために1年に1回しか「決める」ことをしてない経営者と、毎月1回売上アップするために何かを決めている経営者、毎週1回売上アップするために何かを決めている経営者、毎日売上アップするために何かを決めている経営者がいたとしたら、あなたはどの経営者の会社が一番売上アップしていると思いますか？
毎日売上アップのために何かを決めている経営者の会社ですよね。

実際、私がコンサルティングしている顧問先企業の中でも、決める回数が多い経営者の会社はうまくいっています。それくらい、決める回数（量）は大事なのです。当然、その一回一回の決める質を高めていくことも大切です。

経営者の決める量と質でその会社の命運が決まるといっても過言ではありません。

ところが、なかには「忙しい、忙しい」と言いながら「作業」ばかりに追われている経営者もいます。しかし、本来、経営者がすべきは「仕事」、すなわち「決める」ことなのです。

同じように、**あなたの人生もこれまでに決めてきた量と質の結果であり、そして、これからの決める量と質で将来の運命が大きく変わる**のです。これまで、決めることから逃げてきた人は、これから意識して決めていきましょう。

ポイント

自分の人生を生きるのに必要なもの
――それは「自ら決めて動く力」

02

決められない人

悪いほうへ
悪いほうへと考える

決断できる人

考えても仕方のない
ことは考えない

世の中には、あれこれと悩んだ挙句に、不安になってしまい、なかなか行動できない人がいます。

わかりやすい例で言うと、憧れの異性がいて、その人と付き合いたいけれど、「告白してフラれたらどうしよう？」などとネガティブなことを考えてしまって、「告白する」という行動がなかなかとれないでいる、というようなケースです。

これと同じようなことは、ビジネスシーンでもたくさんあります。

「営業に行って買ってもらえなかったらどうしよう？」
「あの人に仕事をお願いして断られたらどうしよう？」
「テレアポをしてガチャンと切られたらどうしよう？」
「新しいことを始めて失敗したらどうしよう？」……

このように「うまくいかなかったら、どうしよう？」と悩んでしまって、なかなか行動できなかった経験、皆さんにもあるのではないでしょうか。

このように悪いほうへ悪いほうへと考えてしまって行動できなくなっている人は、本当にたくさんいます。

しかし、この原因は単純です。

それは、「考えても仕方のないことを考えてしまっているだけ」ということです。


これに対して、**行動できる人は、考えても仕方のないことは考えません。**


「告白してフラれたらどうしよう？」

「営業に行って買ってもらえなかったらどうしよう？」


そんなふうに考えることによって成功する確率が上がるのであれば、それは意味のあることでしょう。しかし実際問題として、

「フラれたらどうしよう？」

「買ってもらえなかったらどうしよう？」

と考えたところで、成功確率は上がりません。

だから、そんなことは考えても意味がない、考えても仕方がないということを、行動できる人は知っているのです。

行動できる人の視点は前向きです。

「うまくいかなかったら、どうしよう？」ではなく、「どうすれば、うまくいくか？」ということに、常にフォーカスしているのです。

ポイント

ネガティブなことを考えても、成功確率は上がらない

03

決められない人

失敗を極端に恐れる

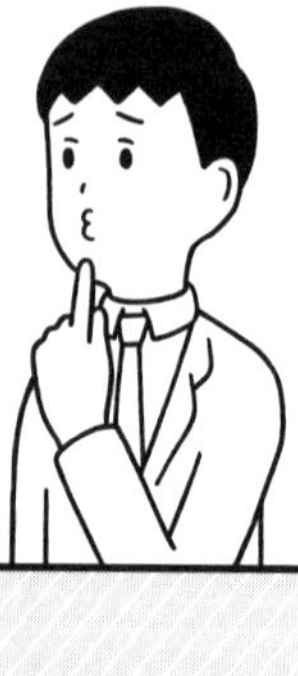

決断できる人

「人間万事塞翁が馬」と思っている

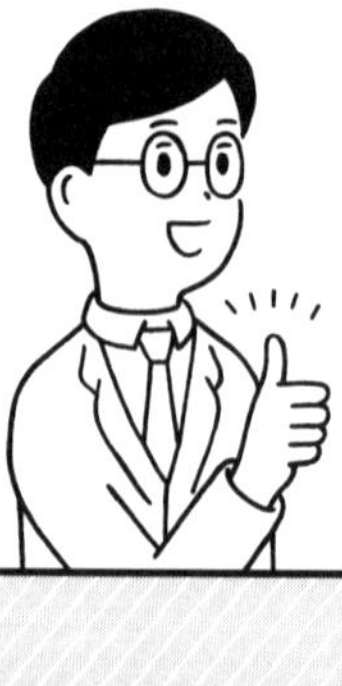

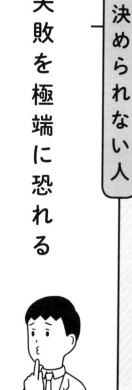

前項では、失敗を恐れて行動できない人の話をしましたが、同じように、失敗を恐れて決断ができない人も多いようです。皆さんもそんな経験はありませんか？
しかし、その決断が失敗につながるかどうかは誰にもわかりません。さらに、たとえ失敗したとしても、それがかえって良い結果につながるということもあります。

「人間万事塞翁が馬」という中国の故事をご存じでしょうか？
簡単にいうと、次のような話です。

昔、中国北方の城塞の近くに占いの上手な老人が住んでいました。
あるとき、その老人が飼っていた馬が逃げ出してしまったため、近所の人たちが気の毒がると、その老人は残念がる様子もなく「このことが幸福につながらないとも限らない」と言いました。

のちに、逃げた馬は野生の素晴らしい馬を連れて戻ってきました。近所の人たちがお祝いを言いに行くと、老人は「これが災いの元になるかもしれない」と言いました。

すると今度は、その馬に乗った老人の息子が、落馬して足の骨を折ってしまいました。近所の人たちがお見舞いに行くと、その老人は「これが幸福の元になるかもしれない」と言ったのです。

それから1年後、隣の国の軍隊が攻め込んできて戦争となり、近所に住んでいる息子の友達であった若者たちはほとんどが戦死してしまいました。しかし、足の骨を折っていた老人の息子は兵役を免れたため、戦死しなくてすんだのです。

老人の馬は、福から災いへ、そしてまた災いから福へと、老人の運命に変化をもたらしたわけですが、このようなことは長い人生の中ではよくあることです。

「気になる異性に告白したらフラれてしまった。でも、そのおかげでもっとステキな相手に巡り合うことができた」「仕事でミスをして、違う部署に異動になってしまった。でも、そのおかげで天職と出会うことができた」といった話もよく聞きます。

つまり、**人生というのは、何がどうなるかは予測できない**ものなのです。

そして、すでに起こった過去の事実も、考え方や捉え方ひとつで、良くも悪くも一瞬でどちらにでもなるのです。

決断ができる人はそのことを知っています。

だから、決断した後に起こる出来事に一喜一憂しません。その出来事を受け入れ、そのたびに最善と思える決断を繰り返していくのです。

人生は決断の連続です。

しかし、**先のことを完全に予測することは不可能ですから、その時点でベストと思える決断をしていくしかない**のです。

また、一度決めたことは「絶対」ではありません。状況や環境が変われば、修正する必要がありますし、変えてもいいのです。

このようなことを知っておくと、失敗を恐れずに「決める」ことができるようになるでしょう。

ポイント

失敗と思っても、それがかえって良い結果につながることもある

04

決められない人

あれもこれもと欲張る

決断できる人

一つに絞り、
他の選択肢は捨てる

お昼に何を食べようかと迷ってしまい、なかなか決められなかった経験はありませんか？

特にレストラン街などに行くと、ラーメン屋、うどん屋、そば屋、寿司屋、焼肉屋、和食、中華、イタリアン、フレンチ、ファストフードなどなど、いろいろなお店がありますので迷ってしまうのも無理はありません。

じつは、この原因は選択肢（情報）が多すぎることにあります。

選択肢が多すぎると、「あれもいい、これもいい」となって、なかなか決められないケースが多いのです。

選択肢が多いということは、逆に言うと、捨てられないということです。

決められない人は、要は、捨てることができないのです。

仕事も同じです。自分に能力があると思っている人は、能力があるからいろいろな仕事ができると思っています。だから、一つに絞ろうとしません。

でも、考えてみてください。運動神経のいい人が、プロ野球選手とプロサッカー選手とプロバスケットボール選手になろうと思って、実際に3つともプロになれる人がいると思いますか？

昔、NBAで「バスケの神様」と呼ばれたマイケル・ジョーダンが野球に挑戦したことがありましたが、結局、結果は出ませんでした。

「あれもやりたい、これもやりたい」では、結果は出ないのです。結局どれも中途半端で終わってしまうことでしょう。

何をやるかを決めかねているうちに時間だけが過ぎて、そのうち体力が衰えたり、より能力の高いライバルが出てきたりして、いざ決めたときにはチャンスを逃がしてしまっていた……ということになりかねません。

一流の選手は、最初から、何か一つに絞って集中しています。

決断できる人は、余計なことを考えず、欲張らずに、一つに絞ったら、ほかの選択肢は捨てているのです。

「決める力」は、ズバリ「捨てる力」であるといっても過言ではありません。

「決めきる」とは、「捨てきる」ことができるかですね。

ポイント

何かを決めることは、何かを捨てることである

05

決められない人

世の中のルールを知らない

決断できる人

世の中のルールとその意味を知っている

すごく疲れているときに、目の前に上りのエスカレーターがあったとします。もう一歩も動きたくない気分です。

皆さんはそんなとき、エスカレーターの右側と左側、どちらに乗りますか？

おそらく、多くの人は迷うことなく、じっと立っていられる列（多くの地域では左側）に乗るという決断をすることでしょう。

なぜなら、そちら側に乗れば、エスカレーターの上を歩かなくてもいいというルールを知っているからです。

じつは、世の中にはこのようなルールがたくさん存在します。

「上司と一緒にタクシーに乗るときはどの席に座るべきか」「エレベーターではどの位置に立てばいいか」「コース料理のフォークとナイフはどれから使えばいいか」などなど、知っていれば迷わなくてすむことがたくさんあるわけです。

したがって、こうした世の中のルールをたくさん知っている人は、すぐに正しい決断ができます。同様に、自分なりのルールや判断基準が確立している人も、迷わずにすばやく決断できます。

逆にいうと、世の中のルールを知らない人や、自分なりの判断基準が確立していない人は、なかなか決められないというわけです。

ただし、ここで注意が必要なのは、**ルールというのはあくまで「情報（知識）」にすぎない**ということ。つまり、それを一つひとつ覚えていたらキリがないということです。

では、どうすればいいのか？

それは、**「なぜ、そうなのか？」という「考え方」を理解する**ことです。

そのルールの意味、ルールの本質といってもいいでしょう。

たとえば、「上司と一緒にタクシーに乗るときは、自分は助手席に乗る」というのは情報です。

それに対して、考え方とは「なぜ、助手席に乗るべきなのか？」、すなわち「目下の者は、行き先を指示したり、会計をしたりといった雑用をするために助手席に乗る」ということです。

表面的な情報を知っているだけでも、決めることはできます。

しかし、それだけでは応用が利かないのです。

これまで直面したことのない場面に遭遇して慌ててしまうのは、考え方を知らないから。

マニュアルに書かれていないイレギュラーなことが起こると対応できない人がいますが、これはまさに考え方を知らない人の典型例といえるでしょう。

ルールをたくさん覚えること、より多くの情報を収集することももちろん重要です。しかし、正しい決断ができるようになるためにより重要なのは、考え方、すなわち意味や本質を理解しておくことなのです。

ポイント

ルールや情報を知るだけでなく、その背景にある考え方を理解する

06

決められない人

目的があいまい

決断できる人

目的が明確になっている

目的が明確に決まっていないために決められない、というケースもあります。

たとえば、将来、サッカー選手になりたいのか、野球選手になりたいのかによって、トレーニングの方法は全然違ってきます。

だから、仮にトレーニングをしようと思ったとしても、どんなトレーニングをすればいいのかが決められないわけです。

勉強もそうですね。将来、医者になりたいのか、弁護士になりたいのかによって、勉強すべき内容は変わってきます。また、目的がはっきりしないから、行くべき大学も決められないわけです。

もっと身近な話でいうと、ダイエットもそうでしょう。

ただ漠然と「やせたい」とか「ダイエットしなきゃ」と思っている人は、いつまでたってもダイエットをするという決断ができません。

何のためにダイエットをするのかという目的が明確になっていない人は、なかなか決断できないのです。

さらにいうと、仮にダイエットをするという決断をしたとしても、「いつまでに、何キロやせる」という目標が明確になっていなければ、どんな方法でダイエットすればいいかを決めることができません。

ちなみに、目標は目的を達成するための通過点ですので、目的が決まらなければ目標も決まらないのです。

もちろん、仕事も同じです。テレアポの電話を一本かけるにしても、目的が漠然としていては、その場で契約を取るためのトークをすればいいのか、まずは会う約束をするためのトークをすればいいかがはっきりしません。その際、テレアポの目的が明確になっていれば、自ずとトークの内容も決まってくるわけです。

何かを決断するうえで、目的はとても重要です。**目的が明確になっていれば、その目的に合っているかどうかでその決断の正しさを判断することができる**からです。

逆に、目的が明確でない人は、照らし合わせる基準がないため、なかなか重要な決断ができないといっても過言ではないでしょう。

あなたは、目的が明確になっていますか？

ポイント

目的が明確になっていれば、決断もしやすい

この章のまとめ

- 自分の人生を生きるのに必要なもの
  ――それは「自ら決めて動く力」
- ネガティブなことを考えても、
  成功確率は上がらない
- 失敗と思っても、
  それがかえって良い結果につながることもある
- 何かを決めることは、何かを捨てることである
- ルールや情報を知るだけでなく、
  その背景にある考え方を理解する
- 目的が明確になっていれば、決断もしやすい

第2章

そもそも「決める」とは、どういうことなのか？

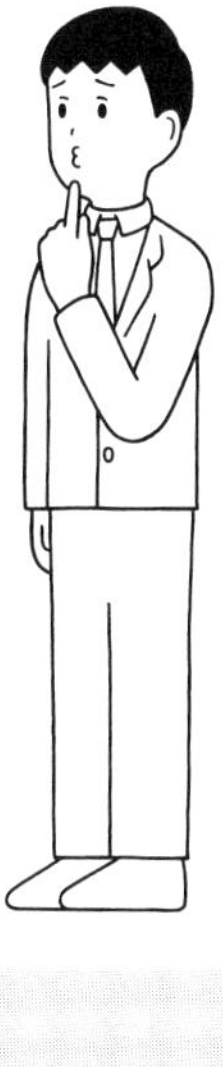

01

決められない人

決断を先送りにする

決断できる人

今この瞬間を大事にしている

そもそも「決める」とは、どういうことなのでしょうか？

今、あなたはこの本を読んでいるわけですが、「この本を読む」と決めたのは、あなた自身ですよね。

朝起きて気がついたら、無意識のうちにどこかの書店でこの本を買って読んでいたという人はいないでしょう。

つまり、あなたが今この本を読んでいるこの瞬間が存在するのは、あなた自身が読むと決めた瞬間があったからなのです。

仮に誰かに読むようにすすめられたとしても、決めたのはあなた自身のはずです。

では、決めたのはいつなのかというと、それは過去のある瞬間です。

過去のある瞬間にこの本を読もうと決めたことによって、今のこの瞬間が生まれたのです。

そしてまた、この本を読んで触発されて、「よし、自分もこうしよう」と、今この瞬間に何かを決断したってこともありますよね。

それはつまり、未来に今決めたことが起こる瞬間が誕生したということなのです。

人生も仕事も、「瞬間」「瞬間」が過去から未来へとつながっているだけともいえます。

そして、その「瞬間」「瞬間」に何を決めたか、何を決めなかったかによって、人生も仕事も、右に行ったり、左に行ったり、上に行ったり、下に行ったりするのです。

そこで大事なのが、過去の瞬間はもうないということ、そして、未来の瞬間もまだないということです。

では、あるのは何かというと、今この瞬間だけ。今この瞬間しかないのです。

だから、今この瞬間を深く意識することが本当に大事なのですが、今この瞬間しか存在していないということを意識している人は、あまりいません。

実際、私がコンサルティングをしている会社の経営者の中にも、深く意識せずに決断を先送りしている人がいます。

あなたはどうですか？

決断を先送りにしていませんか？

「決める」とは、今この瞬間に何かを決断することにほかなりません。
そして、**今この瞬間にあなたが決めたことが、あなたの未来をつくっている**のです。

ポイント

今決めたことが自分の未来をつくっていく

02

決められない人

ただなんとなく決めている

決断できる人

些細なことも意思を持って決めている

あなたは1日に何回くらい決断していますか？

決断というと少し大げさに聞こえるかもしれませんが、朝起きてから夜寝るまでの間に、「歯を右手で磨くか、左手で磨くか？」「靴下を右足から履くか、左足から履くか？」「朝食に何を食べるか？」「どんな洋服を着て出かけるか？」「何時の電車に乗るか？」「どのお客さんのところを訪問するか？」「どうやってそのお客さんをクロージングするか？」などなど大小さまざまなものを含めて、**1日に約2万回、私たちは何らかの決断をしている**と言われています。

つまり、3秒に1回は何かを決めているわけです。

したがって、自分はなかなか決められないとか、決めるのが苦手と思っている人でも、3秒に1回は何かしらの決断をしているわけですが、**問題はそれを意識しているかどうか**です。

結論を言えば、決断できない人は意識して決めている回数が少ないのに対し、決断できる人は、すべてとは言わないまでも、多くのことを意識して決めています。

決断できる人は、常に「自分が決断している」ということを意識し、明確な意思を持って決めています。

一方、決断できない人は、強く意識することなく、「なんとなく」決めていることが多いのです。

人生というのは、過去に自分が何を決め、何を選択してきたのかで決まります。ですから、今あなたの人生がうまくいっているのだとしたら、それは、あなたの決断が正しかったということになります。

逆に、今あなたの人生がうまくいっていないとしたら、それはこれまであなたがしてきた決断が正しくなかったということです。

でも、大丈夫。安心してください。

なぜなら、正しい決め方を身につけ、これから正しい決断をしていけば、人生が変わっていくからです。

今からでも決して遅くはないのです。

正しい決め方については、この後、第3章以降で詳しく説明していきますが、その前に本章では、そもそも「決める」ということはどういうことなのかについて、お話ししていきたいと思います。

ポイント

意識して物事を決めていけば、人生はうまくいく

03

決められない人

「決めた」と思っているだけ

決断できる人

「決める」と「思う」は違うことを知っている

先ほど、人は3秒に1回何かを決めていると言いましたが、じつはその中には「決めている」のではなく、「決めたと思っているだけ」のものもたくさん含まれています。

たとえば、こんな経験はありませんか？

明日の午前中に絶対に提出しなければいけない企画書があり、徹夜してやろうと思ったが、眠くなってきたので、明日の朝4時に起きてやろうと決めてしっかり目覚ましも合わせて寝たにもかかわらず、目が覚めたら、いつもと同じ7時で超焦った……。

さて、ここで質問なのですが、このような場合、あなたは本当に朝4時に起きると決めたといえるのでしょうか？

「結果的に4時には起きられなかったけれど、決めたことは決めたんじゃないの？」と思った人もいるかもしれません。

しかし、私に言わせれば、これは決めたとは言えません。

なぜなら、それは単に朝4時に起きて企画書を作成したい、と思ったただけだからです。

つまり、**「決めた」のではなく、ただ「思った」だけなのです。**

じつは、世の中にはこのような人がたくさんいます。

「決める」と「思う」の違いがわかっていなくて、「決めたと思っている」だけの人が本当に多いのです。

決断できない人は、まさにこのタイプです。

「何かを決めることは、何かを捨てることである」と先に述べましたが、4時に起きると決めることができた人は、何を捨てることができた人でしょうか？

4時から7時までの3時間の睡眠時間を捨てることができた人ですね。

何かを決めるときには、いったい何を捨てる必要があるのかを、しっかりと意識することが大切です。

ダイエットをすると決めたのに、全然やせていない。

何かの資格を取ろうと決めたのに、いまだに取れていない。

英会話ができるようになると決めたのに、全然英語が喋れない。

会社を辞めて起業すると決めたのに、いまだに会社にしがみついている。

こうした経験があるとしたら、それは、「決める」と「思う」の違いがわかっていないということです。このままだと、この人たちの人生はこれから先もずっと「こうなりたいと思っているだけの人生」になってしまいます。

もし、あなたがそうだとしたら、このままでいいのですか？

このままだと、あなたの人生は何も変わりません。

したがって、変わりたいと思うのなら、この機会に「決めたと思う」を卒業し、本当の「決める」ができる人になりましょう。

では、本当の「決める」とは、どういうことなのか？

それは、行動が伴うことです。

「決める」と「行動」はセット。行動までできてはじめて、本当に「決めた」といえるのです。

決断できる人は、そのことを知っています。

だから、決めたら、必ずその通りに行動します。

行動していない人は、決めたと思っているだけの状態です。

何度も言いますが、「決める」と「思う」は違います。

この違いを意識できるかどうかで、その後の人生は大きく変わるといっても過言ではないでしょう。

ポイント
「決めた」と思っているだけでは、人生は変わらない

04

決められない人

捨てたものに
思いを残す

決断できる人

捨てたもののことは
考えない

決めることは行動を伴うものであると言いましたが、同時に、**決めるとは、何かを捨てることでもあります。**

たとえば、今日のお昼に、大好きなクリームパスタと大好きな激辛カレーのどちらを食べようか、迷っているとしましょう。あなたなら、どちらを食べますか？

どちらを食べてもいいのですが、たとえばクリームパスタを食べると決めた場合、重要なのは、激辛カレーを食べることを捨てたという意識があるかどうかということです。

「選ぶ」も「捨てる」もたいした違いはないように思うかもしれませんが、じつは大きな違いがあります。

どういうことかというと、あなたはこのような状況のとき、クリームパスタを食べながら、「激辛カレーも食べたかったなぁ〜」と思ったことはありませんか？

おそらく、誰でも一度や二度はあるのではないでしょうか。

しかし、クリームパスタを食べると決めたのに、後から「激辛カレーも食べたかったなぁ〜」と思うのは、目の前のクリームパスタに失礼ではないでしょうか。

目の前にクリームパスタがあるのに、激辛カレーが食べたいと思うのは、浮気をしているような状態といえます。これではクリームパスタさんが嫌な思いをしているに違いありません。

はたして、このような決め方が、本当に良い決め方といえるのでしょうか？

クリームパスタが嫌な思いをしているかどうかは置いておくとしても、目の前にない激辛カレーのことが頭に思い浮かんでいることによって、目の前にある、せっかくのクリームパスタの味を存分に味わうことができずにいる可能性は十分あるわけです。

それでは結局、自分が損をしていることになりかねません。

このようなことにならないためには、**クリームパスタに決めた瞬間に、激辛カレーは頭から一切捨て去ることです。**そうすれば、集中してクリームパスタを食べることができるので、クリームパスタの味を損なうことはありません。

クリームパスタを選んでいるという感覚だから激辛カレーを思い出すのであって、激辛カレーを捨て去れば、そういうことにはならないのです。

仕事でも同じことです。

たとえば、AとBという2つの商品があったとして、検討した結果、Aという商品を仕入れて売ると決めたとしましょう。このとき、Aを仕入れたのに、Bが気になっていたら、Aを売ることに集中できません。

決断できない人は、「Bのほうが良かったかなぁ〜」などと、捨てたはずのBにも思いを残してしまい、その結果Aが売れなくなり、売上が低下してしまうのです。

一方、決断できる人は、Aを仕入れて売ると決めたら、Bのことは頭の中から捨て去り、Aを売ることだけに集中する。その結果、Aの売上は上がるのです。

選ばなかったものに思いを残していては、本当の意味で「決めた」とは言えません。

選ばなかったものは頭の中から捨て去り、選んだものに集中することが本当の意味で「決めた」といえるのです。

ポイント

「捨てる」を意識しない決め方は、
良い決め方とはいえない

05

決められない人

じっくり考える

決断できる人

速く決める

決断できるようになることはもちろん重要ですが、今の時代には、「速く」決めることがより求められるようになっています。

なぜなら、時代の変化のスピードが昨今、たいへん速くなっているからです。

坂本龍馬が活躍した時代と今とで変化のスピードが全然違うということは、容易に想像できることでしょう。

「十年ひと昔」という言葉がありますが、今は5年、業界によっては1～2年で技術やスタンダードが大きく変わってしまうことも少なくありません。

このように変化のスピードが速くなっているのですから、私たちも決めるスピードを速くしなければ、どんどん時代に取り残されていってしまうことになります。

時代の変化についていけなくなった企業が倒産してしまうことがよくありますが、ビジネスマンも変化のスピードについていけなければ、企業の中で生き残っていくことは難しくなることでしょう。

変化のスピードが速くなると、それについていくために、決断しなければいけないことも増えてきます。

そのとき、迷わずに「速く」決断することが大事なのです。

「速く決めると、間違ったり、失敗したりすることもあるのでは？　だから、じっくり考えて決めたほうがいいのでは？」。そう思う人もいるかもしれません。

たしかに、そういうこともあるでしょう。それでも速く決めたほうがいいのです。

なぜなら、**速く決断できる人は、たとえ失敗したとしても、すぐに次の決断ができるので、挽回するのも速い**からです。

もちろん、1回目から正しい決断ができるに越したことはありません。しかし、人間は神ではないから、決めたことがすべて正しいことばかり、成功することばかりということは絶対にありえません。

成功することもあれば、失敗することもあります。

そのときは正しいと思えたことも、結果的に失敗になってしまうこともあります。

しかし、決断の速い人は巻き返すスピードも速いから、トータルで見たら成功しているということになるのです。細かく見てみると、失敗もたくさんあるけれど、それ以上に成功が多いから、プラスマイナスで見ればプラスになっているというわけです。

多くの人は、失敗しないために、正しい決断をしなければいけないと思い込んでいます。そして、その思い込みが強い人ほど、なかなか決断できず、一度失敗したら落ち込んでしまうという、負のスパイラルに陥ってしまうのです。

決断できない人は、このタイプです。

逆に、たとえ失敗しても、巻き返すための次の一手をすぐに決められる人は、すぐに手を打てるので復活するのも速い。実際、それができている人が、世の中でうまくいっているのです。

つまり、失敗しなかったからうまくいったのではなく、失敗したときにいかに素早く巻き返したかどうかということです。

決断できる人は、決めるスピードも速く、失敗したときの巻き返しも速いのです。

ポイント

決断が速い人は、復活も速い

この章のまとめ

- 今決めたことが自分の未来をつくっていく
- 意識して物事を決めていけば、人生はうまくいく
- 「決めた」と思っているだけでは、人生は変わらない
- 「捨てる」を意識しない決め方は、
  良い決め方とはいえない
- 決断が速い人は、復活も速い

第3章

物事を速く正しく決めるコツ

01

決められない人

「幸せ」の定義が
あいまい

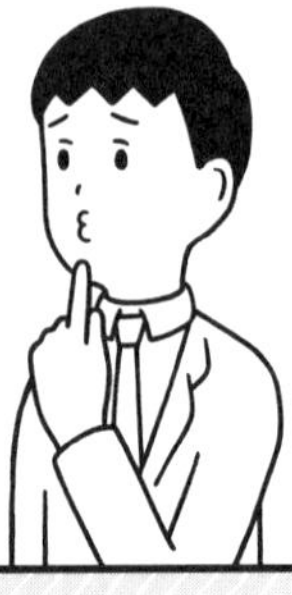

決断できる人

「幸せ」が何かが
わかっている

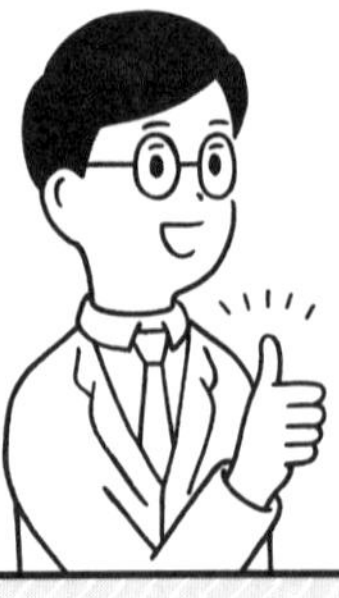

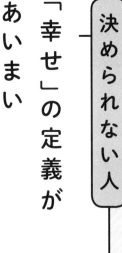

あなたは何かを決めたり選んだりするときに、「最終ゴールはいったい何のためなのか」ということを意識していますか？

じつは、多くの人は最終ゴールをあまり意識していません。

しかし、セミナーなどで「何か決めるときの最終的な到達点は、『幸せ』か『成功』じゃないですか？」と質問すると、ほとんどの人が「そうです」と答えます。つまり、**人は本来幸せになるため、もしくは成功するために、何かを「決めて」いるのです。**

では、「『幸せ』と『成功』のどちらを選びたいですか？」と聞くと、多くの人が「幸せ」と答えます。みんな幸せになりたいわけですね。

ところが、幸せと成功の違いは何ですか？　と聞くと、明確に説明できる人はほとんどいません。なんとなく「幸せはほのぼの、成功はギラギラ」「幸せは精神的、成功は金銭的・物質的」「幸せは家庭的、成功は仕事的」などという声がバラバラとあがっても、そこに明確な定義はありません。

つまり、幸せにはなりたいけれど、最終的な到達点である「幸せ」とは何なのかがボンヤリしていて、不明確な状態なのです。

すると、どうなるのか？　当然ですが、ゴール地点がはっきりとわからないわけですから、ゴールに向かって全速力で走ることはできません。

想像してみてください。幸せや成功の明かりがどちらの方向で光っているのかわからない暗闇の中で、あなたは幸せや成功に向かって全速力で走れますか？　その場で足踏みしてしまうか、ゴールがあるであろう方向に向かってゆっくり手探りしながらほふく前進するのが精一杯といったところでしょう。

それでは幸せや成功に到達するまでに時間がかかりすぎてしまいます。

では、多くの人がゴールに設定している「幸せ」とは何なのでしょうか？

これについてはいろいろな定義の仕方があると思いますが、私は**「幸せとは、自分の価値観を明確にし、それを現実に手に入れた状態のこと」**と定義しています。

たとえば、女優の北川景子さんが好みのタイプという男性なら、北川景子さんと付き合うことができれば幸せですし、お笑いタレントの近藤春菜さんが好みのタイプであれば、近藤春菜さんと付き合うことができれば幸せでしょう。このように、（男性であれば）好みのタイプの相手と付き合うことができれば、人は「幸せ」なわけです。

自分はどんな状態になれば「幸せ」なのかを自ら理解するためには、自分の価値観が明確になっている必要があるわけですが、価値観が明確になっている人は、少なくとも幸せに向かって全速力で突き進んでいくことが可能ですので、価値観が明確になっていない人よりは早く幸せになれるのです。

自分の好みの異性がどんなタイプなのかわからない人は、なかなか交際相手をつくることができませんし、先ほどの例でいえば、たとえ北川景子さんとお付き合いしたとしても、幸せを感じないのではないかと思います。

自分の好みのタイプが近藤春菜さんだと理解している人は、好みのタイプがわからずに北川景子さんとお付き合いしている人よりも幸せを感じているはずです。

幸せを手に入れるためには、まず価値観を明確にしておくことが大切なのです。

では、「成功」とは何なのでしょうか？　先ほどの例で言うと、北川景子さんと付き合っている男性（仮にAさんとします）と、近藤春菜さんと付き合っている男性（Bさん）だと、あなたはどちらが成功している男性だと思いますか？

Aさんも Bさんも、好みのタイプの女性と付き合っているので、2人とも「幸せ度」は同じです。しかし、北川景子さんと付き合っているAさんのほうが成功していると思う人の数が多いはず。

なぜなら、一般には近藤春菜さんよりも北川景子さんのほうが美人という価値観の人のほうが多いからです。もしあなたが男性なら、そんな北川景子さんと付き合えるAさんをうらやましいと思ったのではないでしょうか。

つまり、成功というのは、まず幸せを手に入れた人が、周りの人たちからも「あの人は幸せに違いない」と認められた状態のことなのです。

だから、**幸せが先で、その延長線上に成功がある**のです。

では、近藤春菜さんと付き合っているBさんは成功できないのでしょうか？

いいえ、そんなことはありません。成功とは、自分と同じ価値観の人たちから「あなたは幸せに違いない」と認められ、うらやましがられている状態のことですから、Bさんも、自分と同じ価値観を持つ近藤春菜さんのファンクラブの集まりに行けば成功している人と見られるでしょう。

「成功したいなら、幸せは犠牲にしなければならない」など、成功と幸せを相反するものと考える言説が世の中にはまだあふれています。しかし、前述したように、成功は幸せの延長線上にあるものであり、決して相反するものではないのです。

価値観が多様化した現代、すべての人に認められるのは不可能なのに、まわりの誰からも認められようとしすぎて、精神的にまいっている人が多いように感じます。しかし、右にあげた考え方がわかれば、無理してまわりに合わせる必要がなくなるので、ストレスがなくなり、楽に生きることができるようになるでしょう。

こうしたことが理解できていれば、幸せや成功に近づくためには今、何を決めればいいか、何を選べばいいかが自ずと見えてきて、決めるスピードも速くなります。

決断できる人は、そのことがわかっているのです。

ポイント

自分の価値観を明確にし、それを手にできれば「幸せ」。人の価値観に合わせる必要はない

02

決められない人

自分のことがよくわかっていない

決断できる人

自分の価値観を明確にしている

幸せとは、自分の価値観に合うものを現実に手に入れた状態のことである、ということは前項で述べたとおりです。したがって、**幸せになりたければ、まずは自分の価値観を明確にしておく必要がある**わけです。

決断できない人は、これができていません。

実際、私自身も自分の価値観を明確にしていなかったときは、その場その場で適当に決めていました。しかし自分の価値観を明確にしてからは、自分の中に確固たる判断基準ができたため、事あるごとにその基準に照らして決めることができるようになりました。そしてその結果、迷ったりブレたりすることがなくなりましたし、決めるまでのスピードも速くなりました。

したがって、自分の価値観を明確にしておくことが、とても重要なのです。

では、どのようにすればいいのか？

それは細分化された分野ごとに、一つひとつ価値観と、その優先順位を明確にしていくことです。

分野は「衣」「食」「住」「遊び」「学び」「人間関係」「健康」「仕事」「家庭」の９つ

で、これらの分野ごとに「自分にとって大切なことは何か？」を考えていくのです。

具体的には、「〇〇において大切なことは何ですか？」と自問自答していきます。

たとえば、「衣において大切なこと」であれば、「デザイン」「色」「ブランド」「素材」「サイズ」などの答えが出てくるでしょうし、「食において大切なこと」なら、「低カロリー」「ボリューム」「味」「食感」「コストパフォーマンス」、あるいは「仕事において大切なこと」なら、「信頼」「技術力」「儲かる」「成長できる」「生産性」などの答えが出てくるでしょう。


各分野において同じ質問を10回繰り返すと、10個の答えが出てきますから、今度はそれに優先順位をつけていきます。先ほどの衣の例なら「デザインと色、譲れないのはどっち？」「デザインとブランド、譲れないのはどっち？」という具合です。

そうすることによって、自分にとって一番大切なことは何かが見えてくるのです。


最初に出した答え（価値観）が必ずしも優先順位が高いとは限りません。10個目に出てきた答えが、じつは自分が一番大事にしていることだったということもありますので、必ず10回質問を繰り返し、付箋などに書き出すようにしてください。

図1　価値観シート

	1	2	3	4	5	6	7	8	9	10
衣										
食										
住										
遊び										
学び										
人間関係										
健康										
仕事										
家庭										

こうして出てきた90個のキーワードがあなたの価値観であり、物事を決めるときの判断基準になります。

これまで自分の価値観を意識せずに何かを決めていた人は、普段からこれらの価値観を意識するようにしましょう。

そうすれば、幸せになるための正しい決断が速くできるようになります。

ポイント

細分化することで自分の価値観がはっきりする

03

決められない人

頭の中だけで
考えている

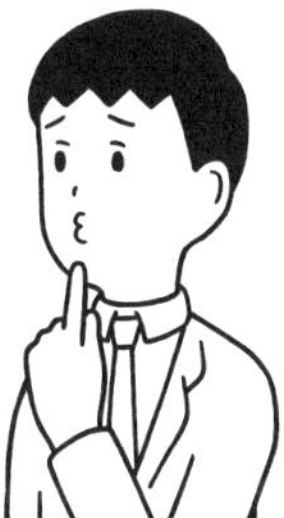

決断できる人

メリットとデメリット
を紙に書き出す

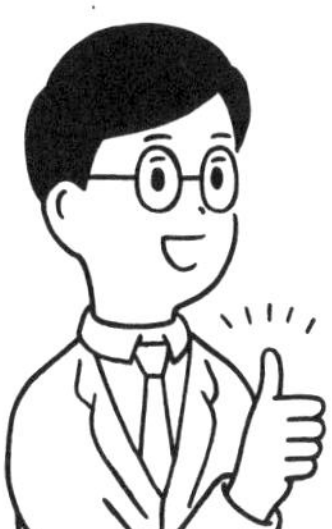

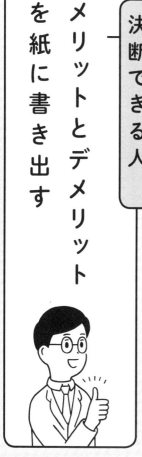

何かを決める場合、それをやる**メリットとデメリットを紙に書き出して可視化する習慣をつける**ことも、「決める力」を磨くためには効果的です。

なぜなら、頭の中だけで考えているよりも、紙に書き出したほうがすっきりと整理しやすくなるからです。

やった経験のある人はわかると思いますが、メリットとデメリットを書き出して比較すると、本当に一目瞭然で、決めやすくなります。

もちろん、単純にメリットの数とデメリットの数の比較だけで決められない場合もあるでしょうが、多くの場合はメリットとデメリットの数を比較して、多いほうを選択するという決断ができるのです。

具体的には、次のようなものを比較してみるといいでしょう。

・感情面のメリット、感情面のデメリット
・経済面のメリット、経済面のデメリット
・時間面のメリット、時間面のデメリット
・労力面のメリット、労力面のデメリット
・健康面のメリット、健康面のデメリット

・将来面のメリット、将来面のデメリット
・家族のメリット、家族のデメリット
・お客様のメリット、お客様のデメリットなどなど

また、一般的には「やる場合」のメリットとデメリットを考える人が多いのですが、「やらない場合」のメリットとデメリットも考えると違った視点で判断できるようになります。

・あなたがやるメリットとデメリット、あなたがやらないメリットとデメリット
・今やるメリットとデメリット、今やらないメリットとデメリット
・買うメリットとデメリット、買わないメリットとデメリット
・食べるメリットとデメリット、食べないメリットとデメリットなどなど

このように、メリットとデメリットを紙に書き出して比較することが非常に重要なわけですが、じつは、「紙に書き出す」という行為そのものにも、大きな効果があります。

そのことを示す調査結果をご紹介しましょう。

1979年、ハーバード大学のある教授が、学生たちに「自分の目標を持っているかどうか」を質問したところ、結果は次の通りでした。

・目標を持っていない……………………84％
・目標を持っていたが、紙には書いていない……13％
・目標を持って、それを紙に書いている…………3％

それから10年後、この教授はこの学生たちの追跡調査を行ったところ、興味深い事実が判明したのです。

それは、「当時、目標を持っていた13％の人の平均年収は、目標を持っていなかった84％の人たちの約2倍だった」のです。

さらに興味深いのは、目標を紙に書いていた3％の人たちの平均年収。なんと「残り97％の人たちの10倍だった」のです。

この調査結果からわかることは、目標を紙に書き出すことがいかに効果的かということです。具体的な効果としては、次の3つです。

1つ目は、目標が具体的になるということです。

紙に書き出すという行為は、頭の中で思い描いていることを具体的に言語化するということです。したがって、紙に書き出すという行為を通して、ぼんやりとした目標をより具体的にすることができるというわけです。

2つ目は、紙に書いた目標を毎日目にすることで、目標達成に向けた行動を習慣化しやすいということです。

人間は忘れやすい動物なので、紙に書いた目標を毎日見ることで、思い出すことができるというわけです。

3つ目は、目標達成に必要な情報に敏感になることです。

たとえば、赤いスポーツカーが欲しいと思った途端に、不思議なことに街中で赤いスポーツカーばかりが目に飛び込んできた経験はないでしょうか？

これは**「カラーバス効果」**といって、ある一つのことを意識することで、それに関する情報が無意識に自分の手元にたくさん集まるようになる現象のことです。

目標達成に必要な情報がどんどん集まってくれば、それだけ目標達成の確率も上がってくるというわけです。
このように紙に書き出すという行為には、大きな効果があるのです。

具体的な目標があるから具体的に決められるのです。目標が曖昧であれば曖昧にしか決められません。同じように、具体的なメリットやデメリットがわかると決めやすくなります。メリットやデメリットが曖昧であれば曖昧にしか決められません。

人間は忘れやすい動物なので、決めたことさえ無意識になってしまう場合がありますが、**紙に書き出してそれを毎日見ることで、決めたことを思い出すことができます。**

そして決めた内容を常に意識することで、決めるために必要な情報が集まり、決めたことの達成速度や達成精度がアップするというわけです。

ポイント

メリットとデメリットを比較することで決めやすくなる

04

決められない人

自分に自信がない

決断できる人

自分のことを信用している

あなたは自分が決めたことに対して、「本当にこれでよかったのだろうか？」と不安になったことはありませんか？おそらく誰でも一度や二度はあるはずです。

では、**どうすれば自分の決断に自信が持てるようになるのか？　それには、頭の中で考えていることを誰かに伝えたり、紙に書き出してアウトプットしたりすることが重要**なのです。

ちょっと想像してみてください。あなたは会社の経営者で、高齢のためにそろそろ引退しようと思い、会社を誰かに引き継ぐことにしたとします。しかし身内に後継者がいないため、役員のAさんとBさんのどちらかに決めようとしています。

そこで、どちらにするかを判断するために、二人に「うちの会社の新規事業を提案してくれ」と頼みました。

1週間後、Aさんは「こんな事業はどうでしょうか？」と、頭の中で考えた内容をアウトプットして、新規事業の企画案を紙に書いて持ってきました。その内容は、あなたの期待をはるかに超え、さすがAさんと唸りたくなるような素晴らしいものでした。

一方、Bさんは紙には書かず、つまり頭の中からアウトプットせずに、「私の頭の中にはAさんの企画よりもすごい企画があります」と言ってきました。

Aさんはそのアイデアを3日前に思いついたとのことでしたが、Bさんは「私はAさんより1日早く、4日前に思いついていた」とのこと。

Bさんは、まだ書面にしてはいない、すなわちアウトプットはしていないものの、Aさんより素晴らしい企画が頭の中にあり、かつ、Aさんよりも1日早く思いついていたので、自分のほうがAさんより優秀であり、経営者に相応しいと主張しているのです。

さて、この段階であなたなら、頭の中をしっかりと具体的にアウトプットしているAさんとアウトプットしていないBさんのどちらを後継者に指名するでしょうか？

私なら迷うことなく、頭に思い浮かんだ企画内容を、きちんと具体的にアウトプットして紙に書き出してきたAさんです。なぜなら、Bさんは「Aさんより早く、Aさんより素晴らしいアイデアを思いついた」と言っているだけで、その具体的な内容についてはは伝えていないので、本当に思いついているのかがわからないからです。

Bさんも早急に頭にある企画を具体的にアウトプット、すなわち書面にしてAさんの企画と比べることができれば話は別ですが、そうしていないかぎりは、本当に思いついているのかどうか信用できません。

じつは、私たちの頭の中にも、AさんとBさんが存在しています。

皆さんも頭の中にいろいろなアイデアややりたいことが思い浮かんでいると思いますが、そのすべてをアウトプットしてはいませんよね？

思いついたアイデアをアウトプットした状態が、Aさんと同じ状態といえます。そして、頭の中で思っているだけ、つまりアイデアややりたいことが頭の中にあるだけの状態が、Bさんと同じ状態といえます。

では、ここで質問です。自分の頭の中にAさんがたくさんいる状態と、Bさんがたくさんいる状態では、どちらのほうが仕事や人生がうまくいくと思いますか？

先ほどの話を思い出してください。

自分のアイデアを具体的にアウトプットし、きちんと紙に書き出してきたAさんは信用できましたが、紙に書き出してこなかったBさんは信用できませんでしたよね。

同様に、自分の中にBさんがたくさんいると、自分自身を信じられなくなります。逆に、Ａさんの割合が多いと、自分自身を信じられるようになります。

では、自分を信用している自分と、自分を信用できない自分とでは、どちらがうまくいくでしょうか？　当然、前者ですよね。

なぜなら、自分のことが信用できれば、自分の決定や選択にも自信が持てるようになるからです。これがすごく大きいのです。

したがって、**自分の頭の中のＡさんの割合を多くしたほうが、すなわちアイデアをできるだけアウトプットしたほうが、仕事も人生もうまくいく**ということです。

頭の中に思い浮かんだアイデアなどをアウトプット、すなわち誰かに伝えたり紙に書き出したりしたかどうかの違いなんてたいしたことはない。そう思う人もいるかもしれませんが、それは大きな間違いです。

特に紙に書き出すというアウトプットは、頭の中のモヤモヤした状態を整理するということで、少なくとも一歩を踏み出しています。それは小さな一歩かもしれませんが、この一歩を踏み出しているかどうかの違いが、ものすごく大きいのです。

よく成功哲学で**「紙に書き出せば夢はかなう」**と言いますが、それはあながちウソではないのです。

自信を持って「決める」ことができるようになるために、アウトプットすることを意識しましょう。

ポイント

アウトプットすることで、自分を信じる力がアップする

05

決められない人

決め方のノウハウを知らない

決断できる人

「マーケティングの11項目」を知っている

会社の会議や取引先との打ち合わせでダラダラとした話が続き、結局何も決まらないまま時間切れで終わってしまった――そんな経験はありませんか？　これほど苦痛なものはありませんよね。

なぜ、このようなことになるのでしょうか？　それは、多くの人が決め方のノウハウを知らないからです。

決め方のノウハウとは何か。それは、次の11項目をすべて具体的に埋めることです。

①誰が／②なぜ／③何を／④誰に／⑤誰のために／⑥誰と／⑦いつからいつまで／⑧どのように／⑨いくらで／⑩いくつ／⑪どこで

これらを私は**「マーケティングの11項目」**と呼んでいますが、これらの項目をすべて埋めることが「決める」ということで、これらの11項目がすべて埋まれば、行動できるようになるわけです。

では、この11項目を具体的にどのように使えばいいのか。温泉旅行を例にとって説

図2　マーケティングの11項目

①誰が	
②なぜ	
③何を	
④誰に	
⑤誰のために	
⑥誰と	
⑦いつからいつまで	
⑧どのように	
⑨いくらで	
⑩いくつ	
⑪どこで	

明しましょう。

皆さんは、仲良しグループで集まり飲み会をしたときなどに、「みんなで温泉旅行でもして旨いものでも食べながら家族孝行を一緒にしようや」と盛り上がったものの、結局実現しなかったというような経験はありませんか？

それは11項目が具体的に埋まっていなかったからで、次のように順に埋めていけば、家族孝行のための温泉旅行は自ずと実現するのです。

①**誰が**（主催者なのか？）……仲良しグループのリーダーの柳生が
②**なぜ**……美味しいカニを食べながら旧交を温め、みんなで家族孝行するため
③**何を**……カニカニ温泉ツアーを
④**誰に**（提供する？）……個別では家族孝行できていない仲良しグループの仲間に
⑤**誰のために**……仲良しグループの家族のために
⑥**誰と**（その旅行を企画するのか？）……グループで一番温泉旅行好きの田中君と
⑦**いつからいつまで**……3月4日と5日の1泊2日で
⑧**どのように**……マイクロバスを借り、温泉旅館を一軒貸切りにして
⑨**いくらで**……ひとり3万円で

⑩いくつ……20人
⑪どこで……兵庫県の日本海側の城崎温泉で

今、これを読んで、「確かに、11項目を全部埋めれば、温泉旅行に行って家族孝行できそうだな」と思ったと思います。

しかし、その一方で、こう思った人もいたのではないでしょうか？

「なーんだ。こんな簡単な項目を、たったの11個埋めるだけかよ。別に大したことないなぁ～」


しかし、じつは、この小学生でもわかるような簡単な11項目を、具体的に、もれなく埋められるかどうかが、本当に重要なのです。

たとえば、先ほどのカニカニ温泉ツアーの11項目のうち、⑦の「いつからいつまで」を決めなかったとしたら、私は温泉旅行に行けたでしょうか？

あるいは、⑪の「どこで」を決めなかったとしたら、私はカニカニ温泉ツアーを実現することができたでしょうか？

旅行に行くと決めたのに、たった一つの項目が埋まらないだけで、旅行を実現することはできません。ここが非常に重要なポイントなのです。

11項目をすべて埋めることができなければ、「決める」にはなりません。ただ単に「思っている」だけで終わってしまうことになります。

「思う」と「決める」の境界線は、じつはここにあったのです。

では、この11項目がいかに重要かを理解していただいたところで、あなたがこれまでこの11項目を意識して決めてきたのかどうかを、ちょっと確認してみましょう。

本書を閉じて、先ほどの11項目を紙に書き出してみてください。

制限時間は1分です。

さて、書き終わりましたか？　全部書き出せたでしょうか？

もし、一つでも欠けていたとしたら、これまであなたは、そもそも「決める」とはどういうことかがわかっていない状態で頭を使っていたということです。

じつは、ほとんどの人が11項目を全部書けなかったはずです。

書けなかった項目は人によって違うと思いますが、たとえば「いつからいつまで」

が書けなかったとしたら、その項目は埋められませんよね？
「いつからいつまで」というキーワードがあるから、脳がその答えを埋めようとするのであって、そもそもキーワードがなければ、いくら考えても、その項目を埋める答えは出てこないのです。

要するに、決められない人というのは、そもそも11項目のどれかが欠けているのです。たとえば、「どこで」が欠けている人は「どこで」を考えられないし、「いくつ」が頭にない人は「いくつ」のことが考えられない。キーワードがないから、考えることすらできないのです。

このように、これら11項目のどれか一つが欠けるだけで、人は動けなくなるものなのです。

さらに、**自分が決めるだけでなく、相手に決めさせるときにも、この11項目はとても重要です。**会議や打ち合わせでも、この11項目を一つひとつ検討していけば、速く決めることができるし、すぐに行動に移せる結論が出せるようになります。

また、チラシやホームページ、営業トークなどの反応が悪いのも、この11項目のどれかが欠けているためにお客様が「あなたの商品を買うかどうか」「あなたのお店に来店するかどうか」「問い合わせをするかどうか」「資料請求をするかどうか」など決められない、という可能性が高いのです。

あなたと同じように、お客様の中にも、11のキーワードすべてがしっかりと頭に入っている人はまずいません。ですから、買いたいと思っているのに買うと決めることができないお客様が多いはずです。

たった11項目のシンプルなキーワードを漏れなくしっかりと押さえるだけで、お客さまの「買いたい」「来店したい」「問い合わせてみたい」「資料請求してみたい」などと思っている状態から、「買う」「来店する」「問い合わせる」「資料請求する」と決める状態にしっかりと導くお手伝いができるようになるのです。

さらに、あなたの部下があなたの指示どおりに動かないのは、あなたの指示の仕方が悪い可能性が大。すなわち、あなたがこの11項目をすべて伝えていないために部下が動けない、という可能性が高いといえるでしょう。

このように、**「マーケティングの11項目」は、「決める」技術の根幹を成す、非常に重要なノウハウです。**したがって、何かを決めるときは、先ほどの11項目の表をぜひ活用していただくことをおすすめします。

ポイント

11項目がすべて埋まれば、人は行動できる

06

決められない人

なんでも今すぐ
決めようとする

決断できる人

決められないときは
無理に決めない

じつは、「マーケティングの11項目」を知っていても、実際にはなかなか決められないこともあります。

たとえば、「世界一周旅行に行くことを決める」としましょう。想像してみてください。あなたが世界一周旅行に行きたいと思ったとして、先ほどの「マーケティングの11項目」を、今すぐ全部埋められそうですか？

おそらく埋められない項目がいくつも出てくるのではないでしょうか。

たとえば、「いくら」の予算とか、「いつからいつまで」の時期とか。

このように、現実にはまだ埋められない項目がいくつもあるという状態のときは、今すぐ決めようとしてあれこれ考えても、時間の無駄といえるでしょう。なぜなら、今はまだそれを決めるタイミングではなかったり、世界一周旅行に行くということにまだ本気ではなかったりするからです。

したがって、**11項目を埋めようとして、埋められない項目がたくさんあるときは、「無理に決めない」という選択肢も視野に入れましょう。**

決断できない人は、今すぐすべての項目を埋めようと無駄な時間を費やすのに対し、決断できる人は、今決められないことは無理に決めず、時期が来るまで待ちます。

私もかつてはやりたいビジネスがたくさんあって、あちこちに労力を使っていた時期がありました。そのときは、いろいろなことを考えすぎて、本当にやりたいことが何なのかがわからなくなり、肝心なことが決められなくなっていました。

「無理に決めない」という選択ができるようになった今ではそういうことはなくなりましたが、かつての私と同じような状況に陥りがちな人は、11項目がどれだけ埋まっているかを「今決めるか、否か」のバロメーターにして、「無理に決めない」という選択肢も取り入れるようにしてください。

そうすることで、決める力を大事なことに集中できるようになります。

あれもこれもと、いろいろなものに手を出しすぎると力が分散してしまうのは、なんでも同じことでしょう。

パソコンにたとえるなら、たくさんのソフトを立ち上げるとメモリーを使いすぎて重くなってフリーズしてしまうことがあります。そして、仕事が思うようにはかどらない。そんな場合、今使っていないソフトは終了させておけば良いですよね。

そうすると軽くなり、仕事がサクサクとはかどる。それと同じような現象が、脳にも起きているのです。

決断できない人の中には、なんでもかんでもすぐに決めなければいけないと思っている人もいるようですが、すべてのことを今すぐ決めなければいけないということはありません。

今決めなくてもいいことも、じつは結構あるのです。

それは今決めるべきことなのかどうなのかを判断し、今決めなくてもいいものは、「今決めない」と決めることも大事だといえるでしょう。

決断できる人は、「今決めない」という決断をしているのです。

ポイント

今決めなくてもいいものは、「今決めない」と決めることも大事

07

決められない人

すべて決まるまで行動しない

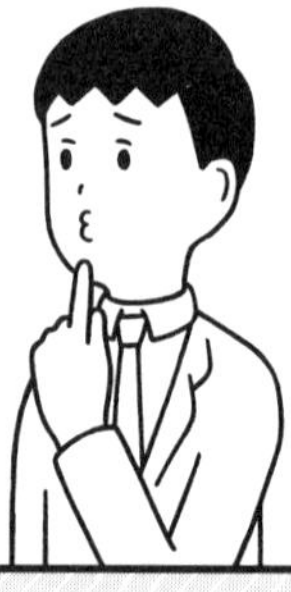

決断できる人

とりあえず決めてからあとで微調整する

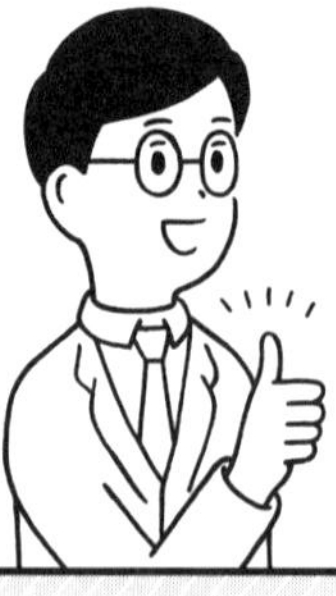

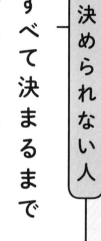

「マーケティングの11項目」の中に一つでも不確定要素がある場合、それが確定するまで行動しないのではなく、とりあえず決めておいて、あとから微調整するという方法をとることもあります。

いわゆる「見切り発車」というものですが、**決断できる人は、この「見切り発車」のやり方も上手**なのです。

実際、ビジネスの現場では、見切り発車をしなければいけないときもあります。

たとえば、セミナーや説明会を行う場合です。

通常、セミナーや説明会の参加人数は前日まで確定しないのが一般的です。

だからといって、人数が確定した段階で会場を探していては間に合いませんので、見込みの人数で会場を押さえて、集客に向けた活動を開始するわけです。

ところが、予定では20人だったのが、集客がうまくいって40人集まったとしましょう。当然、40人入る会場に変更したくなりますよね。

もちろん、先着順にして、申し込みの遅かった人は断るという選択肢もあります

図３ 「マネジメントの３項目」

① 時間	（例）最寄駅から会場までの時間はどれくらいか？
② 品質	（例）会場の設備や雰囲気はどうか？
③ 数字	（例）会場の使用料は高すぎないか？

が、会場を変更できるのであれば、変更したほうがお互いにとってメリットが大きいケースが多いのです。

とはいえ、40人収容できればどんな会場でもいいというわけではありません。

じつは、このときに「時間」と「品質」と「数字」のバランスを読んで、会場を借り換えられるかどうかが重要なポイントになります。

ちなみに、この**「時間」と「品質」と「数字」を「マネジメントの3項目」と呼んでいます**。この3つのバランスがとれるかどうかで、良い決め方ができるかどうかが違ってくるわけです。

たとえば、スタッフに「セミナー会場を40人入るところに変更してくれ」と指示したとします。このとき、そのスタッフが40人入る会場に変更したはいいが、変更前は会場が駅から徒歩2分だったのが、駅から徒歩20分の不便な会場になったとしたらどうでしょうか。これは「時間」のポイント。

変更した会場にホワイトボードがないなど設備のグレードがダウンした。これは「品質」のポイント。

また、今の会場の使用料が2万円なのに、使用料が30万円もする会場に変更したらどうでしょう。これは「数字」のポイント。

このような決め方は、正しい決め方とはいえないでしょう。

つまり、微調整や再調整、変更などをする際は、「時間」と「品質」と「数字」のバランスを考えて行う必要があるということです。

決断できる人というのは、この「マネジメントの3項目」のバランスを常に考えているといってもいいでしょう。

ポイント

微調整とは、「時間」と「品質」と「数字」のバランスを考えること

08

決められない人

協力・許可でつまずく

決断できる人

自分一人で決められる
ものから決めている

物事には、「自分一人で決められること」と、「誰かの協力や許可がなければ決められないこと」の2種類があります。

当然のことですが、前者の「自分一人で決められること」から先に決めていったほうが、多くの場合、物事は早く片づきます。

ところが、**決断できない人は、何かを決める際、自分一人で決められることを置き去りにして、周りの人にどうやって協力してもらおうかとか、許可してもらおうかといったことを考えすぎてしまう。**その結果、時間がかかってタイミングを逃がし、失敗してしまうケースが多々あります。

たとえば、英会話を習いたいと思ったとしましょう。

このとき、どこで、いくらの予算で、いつからいつまでなど、「マーケティングの11項目」をすべて自分で決められれば、すぐに英会話を習いに行くことができます。

しかし、英会話教室に通うためには「会社の残業を減らさなければいけない」とか「授業料を払うためには奥さんの許可をもらわなければいけない」などというように、誰かの協力や許可が必要になるケースもあるわけです。

そんなとき、残業を減らすためには誰に相談し、誰に協力をしてもらえばいいのかがわからなかったり、授業料の話を奥さんにどう切り出せばいいのかがわからなかったりして、止まってしまっている人が多いのです。

これが決断できない人のパターンです。

したがって、まずは自分一人で決められるものから決めていくこと。

そして、**自分一人で決められないことがある場合は、「誰に、何を」してもらえばいいのかを明確にすること。**

そうすれば、あなたの決めるスピードは速くなることでしょう。

決断できる人は、こういうことを自然とやっているのです。

ポイント

自分一人で決められるものからどんどん決めていく

09

決められない人

自分の決め方を
把握していない

決断できる人

自分の決める基準の
傾向を知っている

人が何かを決めるとき、その人の性格が影響します。

性格は、「感情（好きか嫌いか）」と「理性（損か得か）」と「本能（勝つか負けるか）」の3つで成り立っていて、人はだいたいこのどれかの基準にしたがって決めているのです。

たとえば、10人くらいで飲みに行ったときに、「今日は自分がおごる」と決めたとしましょう。

このとき、「感情」で決めている人は、おごるのが好きな人。おごりたいからおごっているわけです。

「理性」で決めている人は、「このメンバーに今日おごっておけば、後々良いことがあるだろう」という損得勘定でおごっています。

「本能」で決めている人は、「このメンバーなら、自分がおごらないで、誰かにおごらせてしまったら負けだ」と思っておごっているわけです。

このように人が何かを決めるときは、だいたいこの3つのどれかで決めているので、**まずは自分がどの基準で決めることが多いのか、自分の傾向を知っておく**ことが必要でしょう。

そのうえで、今の自分の状況を分析してみて、うまくいっているようであれば、これまで通りの基準で決めていけばいいと思います。

しかし、現状がうまくいっていないとしたら、それは決め方の基準が間違っていた可能性もありますので、これまでとは違う基準で決めてみるといいでしょう。

たとえば、**これまで「感情（好きか嫌いか）」で決めていてうまくいっていなかった人は、「理性（損か得か）」で決めてみる**といったことです。

また、この3つの基準は、自分が決められないときの原因を探るときにも使えます。

今、自分が決められないのは、「それが好きではないからなのか？」「損得がはっきりしないからなのか？」「勝ち負けがはっきりしないからなのか？」。

このどれかが原因のはずなので、その原因をはっきりさせることによって、決められるようになるでしょう。

さらに、これは余談ですが、セールスをしている人にとっては、相手の決める基準の傾向がわかれば、営業成績を伸ばすことができます。

ちなみに、当社でも企業に研修を販売する場合、相手の社長の決める基準に合わせ

図4　3つの決める基準

①感情	好きか嫌いか
②理性	損か得か
③本能	勝つか負けるか

てアプローチの方法を変えています。

たとえば、その社長が従業員のやる気を引き出すことが好きな場合、「従業員のやる気が出る研修があります」と、感情（好きか嫌いか）の部分にアプローチをするわけです。

理性（損得）で決める傾向のある社長の場合は、「研修費用は15万円ですが、社員のやる気を引き出すことによって売上が50万円アップします。つまり、1か月で35万円得する研修なのですが、いかがですか？」と。

本能（勝ち負け）で判断する社長に対しては、「ライバルのA社は同じような研修をやって従業員のモチベーションが上がって、業績もぐんぐん上がっているそうです。このままではライバルのA社に負けてしまいます！」という持ちかけ方をするわけです。

このように相手の決める基準に合わせたアプローチをすると、決まる確率がグンと高くなりますので、ぜひ試してみてください。

ポイント

相手の決める基準がわかれば、モノが売れる

10

決められない人

未来のことだけに
フォーカスしている

決断できる人

今できることに
フォーカスしている

世の中には、いつも「○○をやりたい」と言っているのに、実際にはまったくそれに近づいていない人がいます。

こういう人は、やりたいことにフォーカスしすぎて、今できることが見えていないケースがほとんどです。思いだけが空回りしている典型的なパターンといえます。私の経験からいうと、やりたいことだけにフォーカスするのではなく、**やりたいことに近づくために今できることにフォーカスし、それをやると決めて行動するほうが、結果的に早くやりたいことに到達することができる**のです。

たとえば、セミナー講師をやりたいけれど、まだ実際には1回もやったことがないという人がいたとしましょう。このような場合、多くの人はどうしたらセミナー講師になれるのかを、一生懸命考えがちです。

しかし、そんなことを考えているよりも、たとえば自分が理想としているセミナー講師のDVDを1日1回見るようにする。これは「やりたいこと」ではないかもしれないけれども、**「やりたいことに近づくために今できること」**なわけです。「これをやる」と決めて毎日やり続けていたら、いつの間にか自分もセミナー講師ができるようになったということは、実際にあるのです。

大リーガーのイチロー選手にしても、「大リーガーになりたい」だけだったら、何をしていいのかわからなかったことでしょう。しかし、「素振り」という今できることを、毎日コツコツやり続けたからこそ、大リーガーになれたのです。

もしかしたら、子どものころのイチロー選手にとって、素振りはやりたいことではなかったかもしれません。しかし、「大リーガーになるために今できること」は素振りだと決めてやったから、結果的にやりたいことにたどり着いているのです。

決断できない人は、未来のことだけにフォーカスしがちですが、決断できる人は、今できることにフォーカスしています。

やりたいことやなりたいものに近づくために、あなたが今できることは何ですか？

ポイント
今、自分ができることにフォーカスして行動する

11

決められない人

なんでも直感で決めようとする

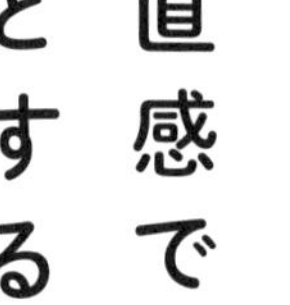

決断できる人

直感の使いどころをわきまえている

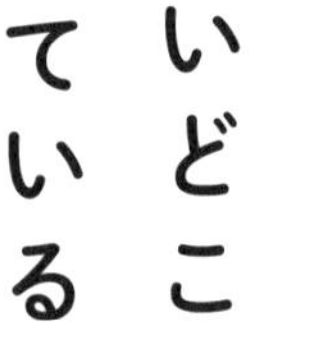

直感というと、「当たるも八卦、当たらぬも八卦」のヤマ勘のように思うかもしれませんが、私は「直感とは経験値」だと考えています。

つまり、**経験値が高ければ、直感力も高い**ということです。

たとえば、初めて訪れた町でラーメン屋さんが何軒か並ぶ中で、ピンときたと思って入ってみたら、すごく美味しかった――そんな経験はありませんか？　逆に、美味しそうだと思って入ってみたが、そうでもなかったという経験もあることでしょう。では、なぜ、同じように直感で選んでいるのに、このように明暗が分かれるのでしょうか？　じつは、それが経験値の違いなのです。

たくさんのラーメンを食べ歩いている人は、店構えなどを見るだけで美味しいかどうかがだいたいわかるのに対し、それほどラーメンに詳しくない人は、店構えだけではわからないものです。

つまり、**自分の経験値が高い分野では直感で決めてもいいが、経験値の低い分野では直感で決めると失敗する確率が高くなる**、というわけです。

決断できる人は、そのことを知っているので、経験値の低い分野のことについては直感では決めないのです。

たしかに、いろいろと考えたり調べたりしてから決めるよりも、直感で決めるほうが速く決めることができます。しかし、経験値の低い分野に関しては、直感で決めると失敗しますので、注意が必要でしょう。

ちなみに、飲食店選びについて言うと、「業種にかかわらず個人店は味にバラツキがあるから、リスクヘッジで選ぶならチェーン店を選んだほうがいい」という判断基準もあります。

じつは、これも経験値が高いからわかることなので、こういう基準を背景に直感でチェーン店を選ぶというのも、経験値を活かした判断といえるでしょう。

ポイント

経験値の低い分野について、直感で決めると失敗する

12

決められない人

捨てたものに
思いを残す

決断できる人

選ばなかったものは
完全に捨て切る

物事の決め方の一つに、消去法があります。

消去法とはご存じのとおり、いくつかの選択肢が考えられる場合に、間違っているものやありえないものを消去していき、最後に残ったものを選ぶという方法です。

おそらくあなたも、これまで消去法で物事を決めてきたことが何度もあるのではないでしょうか。

じつはこの消去法ですが、この方法で何かを決める場合、一つ注意しなければいけないことがあります。それは、ここまで何度か説明したように、**捨てると決めたものは完全に捨て切る**ということです。

ところが、多くの人はこの「捨て切る」ことができません。

捨てたものに対して思いを残してしまうために、選んだものに力を集中することができず、なかなか成果が出ないのです。

たとえば、レスリングもサッカーもやりたかったけれど、野球選手になって野球で成功すると決めたとしましょう。

そうすると、それ以降の筋トレについては、野球に必要な筋肉を鍛えることだけに集中し、野球に必要のない筋肉は鍛えなくてもよくなります。

ところが、「野球もやるけど、もしかしたらレスリングもやるかもしれない」と考えている人、すなわち捨て切れていない人は、レスリングに必要な筋肉も鍛えようとします。

その結果、その筋肉を鍛えたことにより、野球に必要な筋肉が鍛えられなかったり、無駄になったりして、かえって野球の成果が下がってしまうこともあるでしょう。

したがって、消去法で決める場合は、消去したものは捨て切ることが重要なのです。

ポイント

消去法で決める場合は、完全に捨て切れるかどうかが成功のカギ

13

決められない人

一人で悩んでいる

決断できる人

経験者に相談する

何かを決める場合、一人で悩んでしまってなかなか決められない人がいます。実際、決断できない人は、誰かに相談したがらない傾向があります。

一人でじっくり考えることは、確かに重要です。しかし、一人で考えてもなかなか結論が出ない問題については、誰かに相談することも必要でしょう。そのほうが早く結論が出せる場合が多いからです。

では、どんな人に相談すればいいのか？

もちろん、誰でもいいというわけではありません。

できれば、**あなたが直面している問題と同じことを経験している人に相談するのがベスト**でしょう。経験者は、それなりの知識や情報を持っているものだからです。

とはいえ、身近にそういう経験者がいない場合もあるでしょう。

しかし、今は昔と違ってインターネットがあるので、相談できる対象者は無限にいると言っても過言ではありません。

「Ｙａｈｏｏ！知恵袋」や「教えて！Ｇｏｏ」などのサイトで質問すれば、誰かが答えてくれます。

実際、経験者に相談したら、「なんだ、こんなことでよかったのか！」ということも多々ありますので、一人で悩まず、ぜひ経験者に相談してみてください。

私もたまに「Ｙａｈｏｏ！知恵袋」や「教えて！Ｇｏｏ」などのサイトを見たりしますが、意外と丁寧な回答が寄せられているものです。

あなたが人類史上初めて直面する問題など、そうそうあるものではありません。

あなたが直面している問題は、必ず誰かがすでに直面し、解決しているといっても過言ではないのです。

ポイント
ネットで探せば、相談相手は無限にいる

成功塾カリキュラム 約3時間×12回の講座です

▼第１回
・人生において一番大切な事
・仕事とは？ 生きがいとは？
・成功と幸せの違いとは？　成果とは？
・成功の３条件

▼第２回
・成功の４ステップ
・成功の７プロセス
・成功の１５キーワード

▼第３回
・マーケティングとは
・マーケティング１１＋３のキーワード
・価値を決める○○○の力

▼第４回
・バリューメイク
・自分の価値観が明確になるワーク
・マネジメントの３つの切り口！

▼第５回
・マーチャンダイジングの８つのポイント
・数字に隠された極意
・価格決定の７つの法則

▼第６回
・今すぐはじめられるブランディング３＋１の法則
・セルフブランディング
・ロゴのつくり方

▼第７回
・人生の目的とは？
・人生の役割とは？
・信念を固める方法とは？

▼第８回
・やる気を引き出す方法
・モチベーションの方程式とは？
・自分で上げるモチベーションサークルとは？

▼第９回
・コミュニケーションの３つのキーワード
・チームビルディング
・言葉を使わないコミュニケーション

▼第１０回
・タイムマネジメント
・時間とは○○○そのものである
・３年後を決めるイメージワーク

▼第１１回
・ターゲティング
・お客様を引き寄せるキャッチコピーの作り方

▼第１２回
・プロモーション
・サクセスマインド
・自己PR

成功塾 参加者の感想

難しい言葉がなく、とにかく
分かりやすく覚えやすい。
成功塾という名前の通り
「成功」が明確になります。
【経営コンサルタント　北川哲平様】

今まで知っていたことも改めて
体系的に学べました。
成功塾を受講してから
周りの人に変わったね！
と言われ自信がつきました。
人生に行き詰った方にはぜひ
受講して欲しいですね！
【針灸院経営　K.K様】

研修 講師 申込・お問合せ受付中！

全国各地で開催中！

SEIKOUJYUKU
成功塾®

この章のまとめ

■ 自分の価値観を明確にし、それを手にできれば「幸せ」。人の価値観に合わせる必要はない

■ 細分化することで自分の価値観がはっきりする

■ メリットとデメリットを比較することで決めやすくなる

■ アウトプットすることで、自分を信じる力がアップする

■ 11項目がすべて埋まれば、人は行動できる

■ 今決めなくてもいいものは、「今決めない」と決めることも大事

■ 微調整とは、「時間」と「品質」と「数字」のバランスを考えること

■ 自分一人で決められるものからどんどん決めていく

■ 相手の決める基準がわかれば、モノが売れる

■ 今、自分ができることにフォーカスする

■ 経験値の低い分野について、直感で決めると失敗する

■ 消去法で決める場合は、完全に捨て切れるかどうかが成功のカギ

■ ネットで探せば、相談相手は無限にいる

第4章

「決める力」がアップする習慣

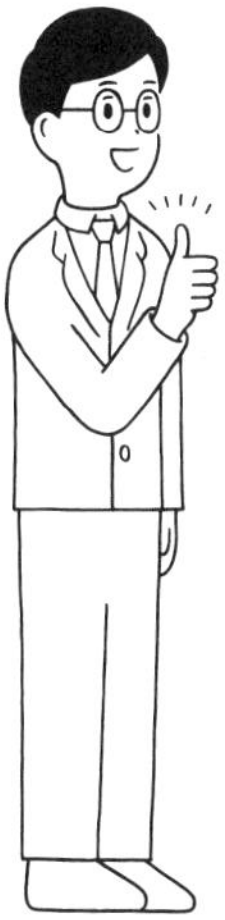

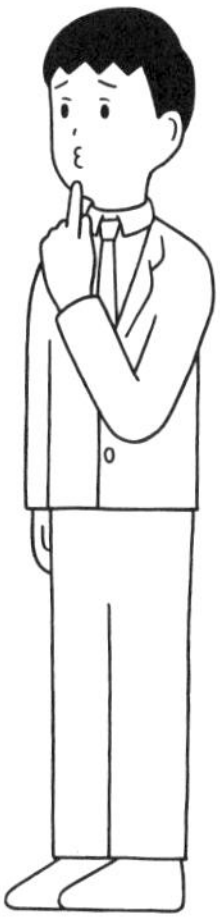

01

決められない人

何からどう手をつけていいかわからない

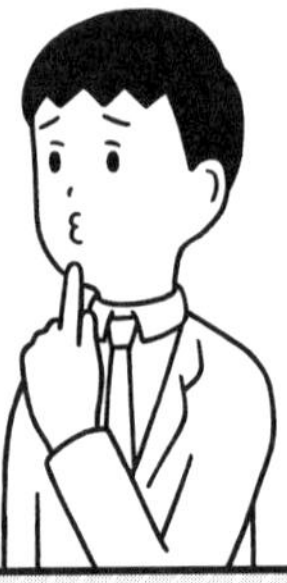

決断できる人

自分で決める癖がついている

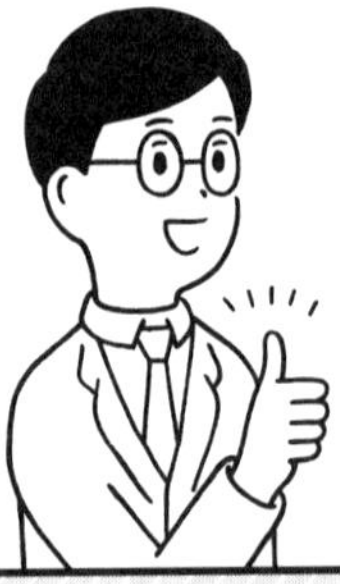

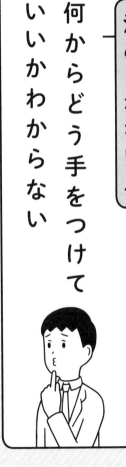

子どものころから過保護に育てられて、大人になってからも自分ではなかなか決められない人がいます。なんでも親に決めてもらってきたからです。

そういう人は、**まずはなんでも自分で決める癖をつけることから始める**必要があるといえるでしょう。

たとえ、その決断が間違っていたとしても、自分で決めることが重要です。

特に、日常生活における些細なことや、自分のことに関しては、一つひとつ自分で決める癖をつけていくことです。

ただし、前にも書きましたが、他人の協力や応援、もしくは許可を得なければいけないことなど、自分一人では決められないことがあるのも事実です。

したがって、何かの問題に直面した場合、基本としてまず、自分一人で決められることと、他人の協力・応援・許可が必要なことに分けましょう。

そして、自分一人で決められることはどんどん決めていき、他人の協力・応援・許可が必要なものについては、誰のどんな協力・応援・許可が必要なのかを明確にして、すぐに行動に移していく。

決める力の弱い人は、この基本がわからずに、ただグダグダしているだけです。
ですので、これら一連の流れができるようになるだけでも、決める力はアップしていくことでしょう。

また、何かのプロジェクトをやる場合、すべてを自分一人でやるよりも、人に任せたほうが速くできたり、うまくできたりすることもあります。

したがって、これも先ほどと同様、まずは自分がやったほうがいいことと、人に任せたほうがいいことに分け、人に任せることは任せると決めましょう。

そして、誰に何を任せるのかを「マーケティングの11項目」を活かして明確にし、行動に移していくようにすれば、決める力はアップしていきます。

ポイント

問題に直面したら、まず二つに分けて考える

02

決められない人

自分に自信がない

決断できる人

自分の決断に自信を持っている

決める力をアップさせるためには、どんな小さなことでも、人任せにせずに自分で決めることが重要です。

ただし、**ただ決めるだけでは不十分で、その決断が結果として正しかったのかどうかを検証していくことがとても大事です。**

たとえば、おいしいだろうと思って入ったラーメン屋さんは、実際に食べてみて、本当においしかったかどうか。

自分に似合うと思って買ったネクタイは、実際に着用してみて、周りの人から似合うと言われたかどうか。

仕事でも、こうしたほうが速いだろうと作業の進め方を変えたとしたら、実際に前の進め方をしていたときよりも作業が本当に速くなったのかどうか。

このように自分が下した決断の結果を検証していくことが重要で、小さな決断をいくらやっても、決めっぱなしではいけないのです。

結果を検証していくと、最初のうちは結果が伴わないかもしれませんが、**決断と検証を繰り返していくと、そのうち決断の精度が上がっていきます。**

すると、どうなるかというと、自分の決断に自信が持てるようになり、大きな決断もできるようになります。

小さな決断でさえ間違ってばかりいる人が、いきなり大きな決断をしろと言われても、できるわけがありません。しかし、小さな決断で結果を出し続けていけば、そのうち自信がついて大きな決断もできるようになるというわけです。

決断できる人も、いきなり決断できるようになったわけではありません。小さな決断と、結果の検証の積み重ねがあったからこそ、決断できる人になったのです。

ポイント

決めっぱなしにせず、結果を検証していくことが重要

03

決められない人

一度決めたことを
ずっと続ける

決断できる人

ときどきやり方を
見直す

世の中には、一度決めたらそのことをずっとやり続けている人がいます。やり続けるということは、それが習慣化しているということですので、それはとても良いことです。

たとえば、歯磨きがそうでしょう。歯磨きの習慣は、子どものころは身についていませんが、母親などから「歯磨きをしなさい」と言われ続けるうちに、だんだん習慣化していくわけです。

ただし、歯を磨く習慣を一度身につけたあと、磨き方を変えている人は意外と少ないようです。多くの人は、子どものころから変わらずに同じ磨き方をずっと続けているのではないでしょうか。

しかし、そのように**習慣化したことをただそのまま続けるのではなく、ときどき見直すことも重要**です。

たとえば、歯磨きであれば、磨き方をもっときれいになる磨き方に変えるとか、虫歯予防から歯周病予防に効果のある磨き方に変えるとか、１回あたりのブラッシングの回数を多くする（時間を長くする）といったことです。

これは「新たな決断」ということになるわけですが、新たな決断をすることによって、以前よりも良くなったり、自分が成長したりするとしたら、それはやったほうがいいですし、ときどきやらなければいけないことでもあるといえるでしょう。

ところが、やらない人が多いのは、どこをどう変えればいいのかがわからないからです。磨き方を変えるといっても、どのように変えるのが正しいのか、ブラッシングの回数を増やすといっても何回ぐらいに増やせばいいのかがわからないのです。

これらについては、その気になればいろいろ調べることができますし、このようなことを意識するようになれば、決め直せることはたくさんあるのです。

さらに言えば、決め直すことによって人生のステージが上に行く可能性が高いのです。

たとえば、毎朝、会社に行くために乗っている通勤電車です。毎日、多くの人が満員電車に揺られながら通勤していますが、その多くは、一度、何時何分の電車に乗ると決めたら、ずっと同じ電車に乗って通勤しています。

しかし、これをもっと空いている時間帯の電車に変えて、座って本を読むとか資格取得のための勉強をするといったことをすれば、人生のステージを上げることができます。

つまり、**すごく大きな決断をしなくても、日々やっている習慣の決め直しをすることによって、人生のステージが変わることはたくさんある**というわけです。

普段の私生活の中の習慣だけでなく、仕事のやり方にしても習慣化していることはたくさんあります。

これらを一つひとつ見直していけば、改善ポイントはたくさん見つかるはずです。

そして、小さな改善を続けることで、人生は大きく変わるのです。

ポイント

決めたことを見直すことで、人生のステージを上げることができる

04

決められない人

なんとなく決める

決断できる人

理由とセットで即断即決する

あなたは居酒屋などで料理やおつまみを注文するとき、すぐに決められるほうですか？　じつは、このような日常の些細なことから即断即決を心がけるようにしていくことで、「決める力」は確実にアップしていきます。

弊社のスタッフの中にも、居酒屋でメニューを決めるときになかなか決められずにモタモタしている人がいるのですが、このようにしているかぎり、「決める力」はアップしていきません。

そこで、そのスタッフにはいつも「全部決めなくてもいいから、最初の3品だけはすぐに決めるように」と指示しています。

そして当然ですが、その3品に決めた理由も必要です。「ただ、なんとなく」ではダメで、それを選ぶ理由もきちんと考えて、すぐに決めることが重要なのです。

たとえば、最初に頼んだ3品が調理にすごく時間のかかるものだったら、その決め方はよくないと思いませんか？

なぜなら、やはり最初はビールを飲みながらつまめるような、すぐに出てくる料理を頼むのがセオリーだからです。

「酒の席なのだから、そんな厳しいことを言わなくても……」

そんなふうに思われるかもしれません。

しかし、このような居酒屋で料理を注文するという日常の場面においても、なんとなく決めるのではなく、明確な理由とともにすぐに決める訓練をしていくことで、決める力はどんどんアップしていくのです。

「私はなんでもいい」とか「あなたに任せるよ」ではなく、**自分の意見をしっかりと持つことが決める力のアップにつながっていく**のだと心得ましょう。

「なんでもいい」というのは、相手の価値観に委ねることです。

そのような生き方でいいというのであればそれでもかまわないのですが、自分の価値観に基づく主体的な生き方をしたいのなら、どんなことに対しても自分の意見を言い、積極的に関わっていくようにすることが重要です。

ポイント

居酒屋で料理を注文することも、
決める力のトレーニングになる

05

決められない人

飲み会の幹事を
やりたがらない

決断できる人

飲み会の幹事を
進んで引き受ける

決める力をアップさせる効果的な方法として、当社のスタッフにすすめているのが、飲み会の幹事をやることです。

一度でも幹事をやったことのある人ならわかると思いますが、飲み会の幹事というのは意外と大変なものです。

参加者の人数確認や日程調整、お店探し、値段交渉などなど、とにかく決めなければいけないことがたくさんあるからです。

ただ、飲み会には前章で紹介した「マーケティングの11項目」のすべてが含まれていますので、**飲み会の幹事をやることで、「マーケティングの11項目」を使った決め方が自然と身につくようになるのです。**

実際、飲み会を企画してみるとわかりますが、「マーケティングの11項目」を意識せずに決めていくのと、意識しながら決めていくのとでは、決めやすさに大きな違いがあることがわかることでしょう。

なぜなら、11項目があることによって、決めなければいけないことの抜け漏れがなくなるからです。

旅行に行くときに持っていくもののチェックリストや、引っ越したときにやるべき手続きリストを使ったことのある人は、その便利さを実感していると思いますが、「マーケティングの11項目」は、まさにそれと同じようなものです。
「マーケティングの11項目」は、決めるための魔法のチェックリストともいえるのです。

さらに、飲み会の幹事は、一回きりではなく、定期的にやることをおすすめしています。

なぜなら、**定期的に幹事をやることで、前回の飲み会の良くなかった点を改善しようとしたり、さらに良い飲み会にするために工夫したりするようになる**からです。

これは前述した「時間」「品質」「数字」という「マネジメントの3項目」を実践することにつながります。

たとえば、「時間」でいえば、スタート時間をどうするかとか、飲み放題で90分のところを120分に交渉するといったことです。
「品質」については、もっと料理のおいしい店を探すとか、雰囲気のいいお店を探すといったこと。「数字」については、クオリティーを落とさずに値段を安くできないかを交渉するといったことです。

このようなことを何度も繰り返していくことで、飲み会の企画についての経験値がどんどん上がっていきますので、参加者の満足度の高い飲み会を企画する力、すなわち飲み会の場所や値段を決める力が身についていくというわけです。

もちろん、この経験は飲み会以外のことにも応用が利きますので、イベントの企画を頼まれたりしたときなどにも、企画の内容について速く正しい決断ができるようになることでしょう。

そして仕事においても、速く正しい決断ができるようになれば、あなたの成績はぐんぐん伸びるはずです。

ポイント

飲み会の幹事は積極的に引き受けるべし

06

決められない人

他の価値観に
触れようとしない

決断できる人

多くの価値観に触れて
価値観を磨いている

マンションや車、旅行などのパンフレットを集めることも、決める力を高めるためのおすすめの方法です。

「そんなものを集めるだけで、本当に決める力が上がるの？」と、疑問に思った人も多いことでしょう。

もちろん、ただ集めるだけでは意味がありません。

問題は、集めたパンフレットをどう活用するかです。


では、どうするのか？

まず集めてきたパンフレットを見比べながら、自分だったらどのマンションを買うか、どの車を買うか、どこに旅行に行くかを考えてみます。

次に、ここからが重要なのですが、**自分はなぜそれを選んだのかを考えてみる**のです。**それを選んだポイントは何だったのか。それに決めた基準は何だったのか**を考えてみるわけです。

カタログを集める代わりに、百貨店などでウィンドウショッピングをするのでもかまいません。

ネクタイを買うならどれを買うか。靴を買うならどれがいいか。カバンなら、腕時計なら、スーツなら……というように、**理由とセットで決めていくと、自分の価値観がどんどん固まっていきます。**

価値観が固まってくるということは、自分の中に明確な基準ができるということですので、何かを決めるときに速く正しく決められるようになる。すなわち、決める力がアップするということになるのです。

また、このようなことを行うと、いろいろな価値観に触れることができるので、自分の価値観を磨くことができますし、何が自分に一番合っているのかという正しい判断ができるようにもなります。

たとえば、海外旅行に行ってみて、初めて日本の良さに気づく人がたくさんいますが、これなどはまさにその好例といえるでしょう。

職業や会社もそうです。いろいろな職業やいろいろな会社を見ることによって、自分の仕事や会社の良さに気づくこともあります。

このように、決める力を上げるためにも、日頃からさまざまな価値観に触れるようにすることをおすすめします。

ポイント

さまざまな価値観に触れることで自分の価値観が磨かれていく

07

決められない人

「失敗したら……」と不安で動けない

決断できる人

あらかじめ撤退基準を決めている

何かの決断をするとき、多くの人が不安に思うのが、「この決断が間違っていたらどうしよう」ということです。

あなたもこのような不安から、なかなか決断できなかった経験があるのではないでしょうか。

不安は決断を鈍らせます。したがって、不安を取り除くことができれば、決める力は上がっていくことになるわけです。

では、どうすれば不安を取り除くことができるのか？

それは、常に最悪のパターンを想定しておくということです。言い換えれば、**どこまでリスクをとれるのかを、あらかじめ考えておく**ということです。

たとえば、新しい事業を始めるかどうかを決断しなければいけない場合であれば、「赤字額が１０００万円を超えたらその事業から撤退する」といった撤退基準をあらかじめ決めておくわけです。

私たちがセミナーをやる場合も同じです。

正直、募集をしてみないと何人集まるかわからない場合もあります。

だからといって、「セミナーを開催する」という決断をしないと前には進んでいきませんので、「やる」という決断はするわけですね。

ただし、セミナーを中止にする基準も同時に決めておく。たとえば、開催2日前に10人集まっていなければ中止にするといったことです。


株などの投資で稼いでいる人たちも、買った株がどんどん上がっているうちは良いのですが、予想が外れて下がる場合もあるでしょう。そうしたときに備えて、買うと決めたときに損切りするラインも決めているか否かが重要になります。

損切りするライン、つまりここまで下がったら売るという具体的な株価の基準を決めていないと、気がついたら、いつのまにかあれよあれよと株価が下がって大損してしまうのです。

だからといって、「買った株が下がると怖いので買えない」などと思っているうちは、いつまでたっても投資で稼ぐことはできません。

ここまで下がったら思い切って損切りするという基準を明確に持っている投資家が成功するといわれています。

新しいことを始めるときなどは、どうしても不安がつきまとうものですが、このようにあらかじめ撤退基準を決めておけば、漠然とした不安が消えて、決断しやすくなるといえるでしょう。

ポイント

漠然とした不安を消すことで、決める力がアップする

08

決められない人

自分の使命や役割に気づいていない

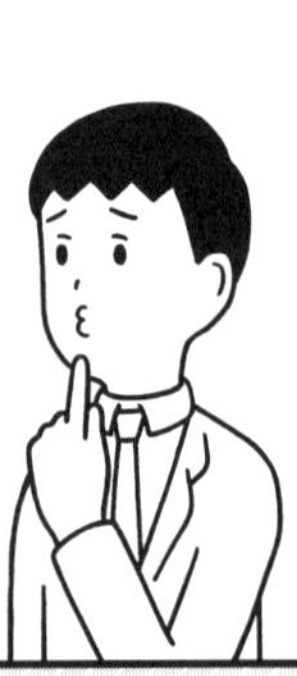

決断できる人

セルフイメージをしっかりと持っている

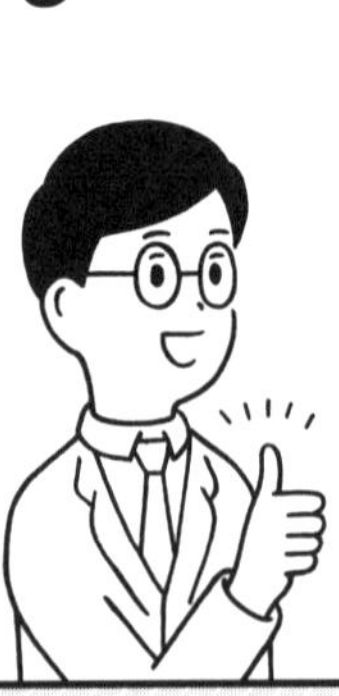

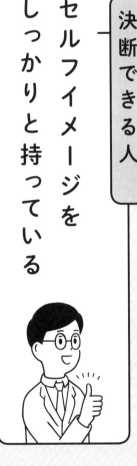

決める力を上げるためには、セルフイメージをしっかりと持つことも重要です。

セルフイメージとは、「自分は誰のために生きているのか？」「自分は何のために仕事をしているのか？」ということ。すなわち、**自分の使命や役割がわかっている人ほど、決断力がある**ということになるのです。

たとえば、幅30センチ、長さ10メートルの鉄板が、高さ15センチの平均台の上にぐらつかないように、安全に固定されていたとしましょう。

「この鉄板の上を端から端まで歩いてください」と言われたら、あなたは歩くことを決断するまでにどれくらいの時間を要するでしょうか？

おそらく、即決できる人が多いのではないかと思います。

では、同じ鉄板が、隣接する高さ50階建ての2つのビルの屋上と屋上を結ぶように渡してあったとしたら、どうでしょうか？

すぐに渡ると決断できる人は少ないでしょう。

落ちたら死んでしまうので、怖いですからね。

では、向こう側のビルが火事で、屋上に3歳くらいの子どもが取り残されているとしましょう。

このような状況の場合、幅30センチの鉄板を渡って助けに行くことを、あなたはすぐに決断できるでしょうか？

これも難しいかもしれませんね。

では、その子どもが自分の子どもだったとしたら？

おそらく、すぐに渡るという決断をする人が多いことでしょう。

なぜなら、自分がその子の父親だとわかった途端に、一気に「助けに行かなきゃ！」という気持ちが湧いてくるからです。

冒頭で、「自分の使命や役割がわかっている人ほど決断力がある」と言いましたが、それはこういうことなのです。

実際、私自身も「日本の教育を変えるんだ」とか「日本の経済を活性化するんだ」という使命を持っているからこそ、日本全国でセミナーをやると決めて、年に200

回以上も全国を飛び回ってこられたのだと思います。

ただのセミナー講師であれば、これだけ日本中を飛び回るのは体力的にきついので、とっくの昔にやめたいと思っていることでしょう。

「自分は誰のために生きているのか？」「何のためにこの仕事をしているのか？」といったセルフイメージがしっかり持てていれば、決断力は自然と高まっていきますので、セルフイメージをしっかりと持つようにしましょう。

ポイント

自分の使命や役割がわかれば、決める力がアップする

09

決められない人

大きなことばかり考えている

決断できる人

目の前の小さな仕事を本気でやる

では、どうすれば自分の使命や役割に早く気づくことができるのでしょうか？

それは、**与えられた目の前の仕事を本気でやることです。**


もしかすると、その仕事はあなたの使命や役割ではないかもしれません。

その場合は、本気でやっても結果が出ないことでしょう。そうすると、あなたはその仕事から外され、また別の仕事をすることになります。

そうしたら、またその仕事を全力でやってみる。それを繰り返すことによって、自分の使命や役割に出会えるのです。


決断できる人は、そのことを知っているので、目の前のことに本気で取り組むのですが、決断できない人は、そのことがわかっていないので、大きなことばかり考えて、目の前の小さな仕事には本気で取り組もうとしないのです。


たとえば、イチロー選手は野球をすることが、彼の役割であり使命です。

しかし、イチロー選手は生まれてから、野球だけしかしてこなかったわけではありません。縄跳び、かけっこ、卓球、サッカーなどなど、いろいろなスポーツをやってきたと思います。

その中で、イチロー選手は野球にたどり着いた。つまり、イチロー選手が子どものころに縄跳びが面白くないからとスポーツをやめてしまっていたら、今のイチロー選手はなかったわけです。

多くの人は、すごい決断をしなければ自分の人生が変わらないと思っています。

しかし、「一大決心」といった大げさなものではなく、**目の前の小さなことを本気で決めていくことが、人生を変えることにつながる**のです。

イチロー選手だって「ボクは野球しかやらない」と決断したわけではありません。「卓球をやってみよう」「サッカーをやってみよう」と、小さなことを本気で決めて、一生懸命やっていくうちに、野球をやるようになったのではないでしょうか。

あなたも同じです。目の前の小さなことを本気で決めていけば、自分の使命や役割に早く気づくことができるので、あなたの人生は自ずと開けていくことでしょう。

ポイント

一大決心ではなく、
目の前の小さなことを本気で決める

10

決められない人

どうしていいか、
いつも迷ってしまう

決断できる人

常に3つのことを
自問自答している

最後に、決める力を高めるためのとっておきのワークをご紹介しておきましょう。

そのワークとは、ひと言でいうと、**自分の「ウォンツ」「キャン」「マスト」の3つを明確にする**というものです。

まず「ウォンツ」ですが、これは自分の**「やりたいこと（欲求）」**です。

やりたくないものについては、たとえやると決めたとしても、やろうというエネルギーが湧いてきませんので、何かを決める際は必ず「やりたいこと」である必要があるわけです。

お昼に何を食べるかを決めるときも、食べたいものがいくつかあって、その中から選ぶと思いますし、仕事を探すときも、やりたい仕事がいくつかあって、その中から探すことでしょう。

新たな事業を立ち上げるときも、やりたい事業がいくつかあって、その中から選ぶことが重要なのです。

実際のワークでは、とにかく自分が「やりたい」と思うことを、仕事・プライベートを問わずランダムに100個くらい挙げてもらいます。

あなたも挙げてみてください。

次は「キャン」ですが、これは自分が**「できること（能力）」**です。

自分ができることを把握しておかないと、やると決めても、実際にはできないという事態になりかねません。

特に、ビジネスの場合は、自分ができないことをやろうとしてもうまくいかないケースがほとんどです。

ですからここでは、自分のできることは何か、書き出してみてください。


最後は「マスト」ですが、これは自分が**「やるべきこと（使命）」**です。

使命がないと、やると決めても応援者や協力者が集まりません。

特にビジネスは、一人の力には限界がありますので、応援者や協力者がたくさんいたほうがいいのです。

自分の使命に気づくことは簡単なことではありませんが、前項などを参考にしながら、自分の使命を挙げてみてください。


以上の3つのことが明確になっていると、何かを決めるときに迷わなくてすむよう

図５　３つのリスト（ワーク）

①ウォンツ（やりたいこと＝欲求）
②キャン（できること＝能力）
③マスト（やるべきこと＝使命）

になりますので、時間のあるときにリスト化しておくことをおすすめします（図5）。決断できる人は、この3つのことを常に自問自答し、リストを作っています。だから、いつも自分にとって正しい決断ができるのです。

・これは自分のやりたいことなのか？
・これは自分にできることなのか？
・これは自分がやるべきことなのか？

この3つの質問は、自分の人生において非常に重要な質問となりますので、事あるごとに自分に問いかけてみましょう。

そして、この3つの条件をすべて満たすものを選択していくようにすると（図6）、あなたの人生はきっとうまくいくようになるはずです。

ポイント
3つの質問を、事あるごとに自分に問いかけてみる

図６　３つの円

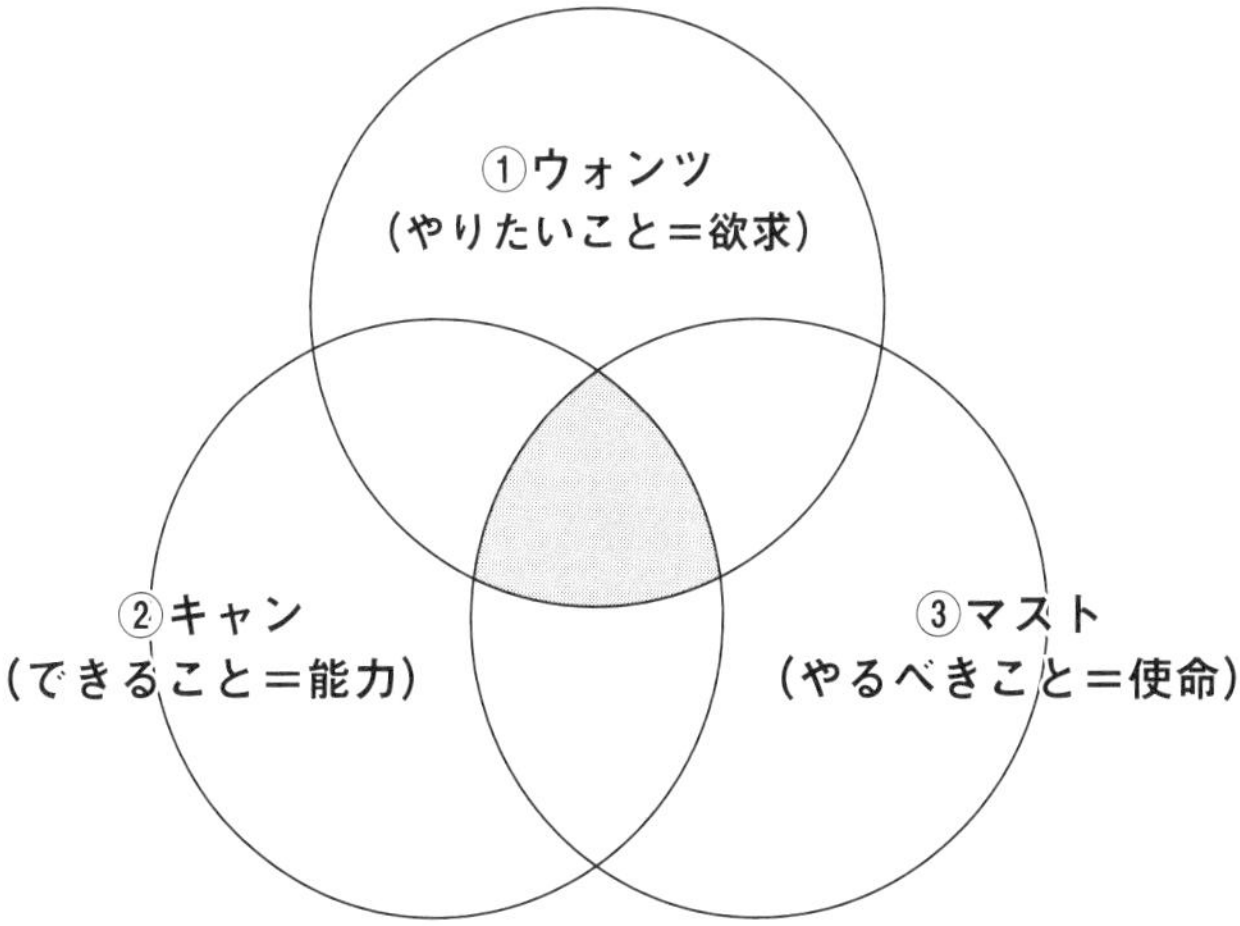

この章のまとめ

■ 問題に直面したら、まず二つに分けて考える

■ 決めっぱなしにせず、
結果を検証していくことが重要

■ 決めたことを見直すことで、
人生のステージを上げることができる

■ 居酒屋で料理を注文することも、
決める力のトレーニングになる

■ 飲み会の幹事は積極的に引き受けるべし

■ さまざまな価値観に触れることで
自分の価値観が磨かれていく

■ 漠然とした不安を消すことで、
決める力がアップする

■ 自分の使命や役割がわかれば、
決める力がアップする

■ 一大決心ではなく、
目の前の小さなことを本気で決める

■ 3つの質問を、事あるごとに自分に問いかけてみる

第5章

決めたことを続けるコツ

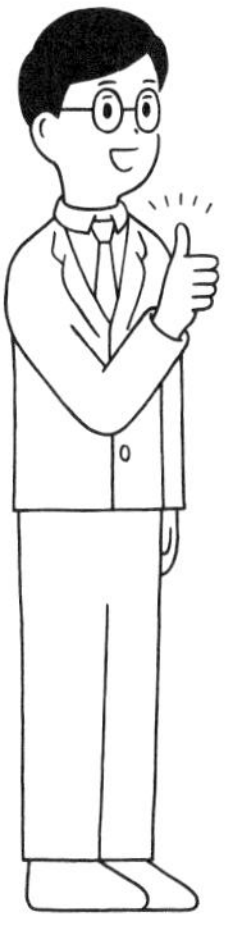

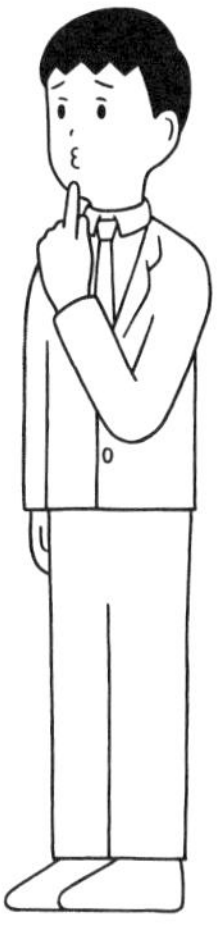

01

決められない人

続けることが苦手

決断できる人

続けるための方法を
知っている

これまで「決める」ことについてお話ししてきましたが、じつは「決める」ことは、私が考える成功を手に入れるためのステップの一つにすぎません。

確かに、成功するためには決める力を高めることが重要ですが、それだけでは成功することは難しいのです。

では、私が考える成功のステップとは何なのか？　私はこれまでいろいろな経営者を見てきましたが、成功している人はだいたい次の４つのステップを踏んでいます。

①気づく
②決める
③やる
④続ける

第１ステップの「気づく」ですが、これはすべての出発点になります。隣に好みのタイプの異性が座っていても、そのことに気づかなければ声をかけることができませんよね。ビジネスでも同じで、こういう商品が売れそうだと気づくことからすべてが始まるわけです。

第2ステップが「決める」で、第3ステップが「やる」。この2つはセットです。前にも書きましたが、決めたのにやらないのは、決めたと思っているだけ。ですので、決めたことは、行動に移さなければ意味がないのです。

そして、第4ステップが「続ける」です。たとえば、ダイエットをするためにジョギングをすると決めても、それを続けることができなければダイエットは成功しませんよね。つまり、やると決めたことを続けられるかどうかが、成功するための最大のポイントなのです。

ところが、多くの人は続けることが苦手です。

続けることが大事だということは頭ではわかっているのに、実際にやろうとするとなかなか続かない。「わかる」と「できる」は違うわけです。

そこで本章では、続けるための方法を、いくつかご紹介したいと思います。

ポイント

成功者は4つのステップを踏んでいる

図７　成功への４ステップ

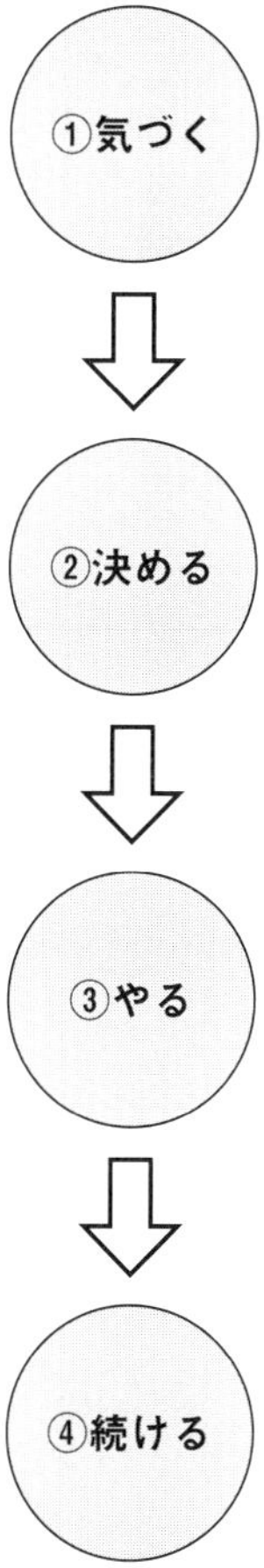

02

決められない人

マネジメントがわかっていない

決断できる人

「マネジメントの3項目」を知っている

第3章で、物事を決める際のノウハウが「マーケティングの11項目」であり、決めた後に微調整の際に役立つのが「マネジメントの3項目（時間・品質・数字）」であるという話をしましたが、この「マネジメントの3項目」は、じつは「続ける」ためのノウハウなのです。

「続ける」というと難しいことのように思われがちですが、**「続ける」ということは、言い換えれば、「決める」ことの繰り返しです。**

たとえば、私が女性とデートをするとしましょう。このとき、1回1回のデートプランを決めるのがマーケティングで、その後も良好な関係を続けていけるよう、デートプランの内容を満足度の高いものにしていくのがマネジメントというわけです。

したがって、2回デートしたけれど、3回目の誘いは断られたという場合は、マネジメント力が低かったということになります。

では、マネジメントとはどういうことなのかというと、それが前述の**「時間」「品質」「数字」という3項目のバランスをとる**ことなのです。

たとえば、時間でいうと、1回目のデートが午後7時から11時で、2回目のデートが午後9時から12時、3回目のデートが午後11時から深夜の1時という具合に、スタート時刻がだんだん遅くなり、時間もどんどん短くなっていたとしたら、相手の女性はどう感じるでしょう？　ないがしろにされているようで、嫌な感じですよね。

品質でいうと、最初のデートはとても美味しい料理を出すお店だったのに、回を重ねるごとに、だんだん美味しくないお店になっていったら、これも嫌ですよね。

数字も同じです。最初のデートでは1万円のコースを頼んでいたのが、8000円、6000円と、デートのたびに頼む料理の値段がどんどん下がっていったら、これもなんか嫌ですよね。

といっても、回を重ねるたびに時間も品質も数字もグレードアップさせていかなければならないとなると、デートに誘う側も大変だと思われるかもしれません。しかし、すべてをグレードアップさせることが絶対に必要ということではありません。時間と品質と数字のバランスをとればいいのです。

たとえば、料理の値段が1万円、8000円、6000円と下がっていっても、8000円のお店が1万円のお店より美味しく、6000円のお店が1万円や8000

円のお店よりももっと美味しいお店であれば、相手も満足してくれるはずです。

お店や料理のグレードを維持するのが難しかったり、デートの時間が思うようにとれなかったとしても、そこで、**美味しいお店を探す努力や、適切な時間帯にデートできるように残業をなくす努力をすることが「マネジメント力」なのです。**

このように、時間と数字と品質のバランスをうまくとりながら相手の満足度を高めていくことができれば、断られることなく、デートを続けていくことができるはずです。

これは恋愛だけでなく、仕事でも同じことです。

繁盛しているお店やうまくいっている会社は、「マネジメントの3項目」のバランスをうまくとりながら、お客様を満足させ続けているのです。

ポイント

続けられる人は、「マネジメントの3項目」のバランスをうまくとっている

03

決められない人

漠然と目標に進む

決断できる人

成功のチェックポイントを知っている

成功するためには、先ほどの４つのステップを踏むことがとても重要ですが、じつはそれだけでは、成功できるかどうかはわかりません。

では、成功できる人とできない人は何が違うのでしょうか？

ここにAさんとBさんがいるとします。

2人ともダイエットをしたいと思っています。

これから2人の発言を紹介していきますので、AさんとBさんのどちらがダイエットに成功しそうか、当ててみてください。

まず、Aさんは「メチャメチャやせたい」と言っています。

一方、Bさんは「48キロになりたい」と言っています。

さて、あなたはどちらがダイエットに成功すると思いますか？

Bさんですよね。

なぜならBさんには、48キロという**「明確な理想」**があるから。

次は、Aさんも「48キロになりたい」と言いました。しかし、「今、自分の体重が何キロかわからない」と言っています。

一方、Bさんは「48キロになりたい。今、私は58キロです」と言っています。

この場合、どちらが成功すると思いますか？

これもBさんですよね。

なぜなら、**「正確な現状」**が把握できているから。

今度は、Aさんが「メチャメチャ早くやせたい」と言っています。

一方、Bさんは「3か月後にやせたい」と言っています。

この場合、どちらがダイエットに成功するでしょうか？

ここでもBさんですね。

なぜなら、**「適切な期限」**を設定しているから。

ここで大切なのが、「明確な理想」「正確な現状」「適切な期限」というように、「明確な」「正確な」「適切な」という形容詞がついていることです。

よく「期限を切ることが大切だ」と言われますが、じつは、**ただ「期限を切る」だけではダメで、「適切な期限を切る」ことが重要なのです。**

たとえば、Aさんが今58キロで、あと5時間で10キロやせたいと言った場合、この期限はどうでしょうか？　短すぎますよね。

逆に、「20年後に10キロやせたい」と言ったら、どうでしょう。長すぎますよね。

このように期限は短すぎても、長すぎても意味がないのです。

まだほかにもあります。

今度は、Aさんは「今58キロで3か月後に48キロになりたい。今日、体重計に乗って、次は3か月後の1日前にもう一度体重計に乗る」と言っています。つまり、2回しか体重計に乗らないわけです。

一方、Bさんは「今58キロで3か月後に48キロになりたい。今日から毎日体重計に乗る」と言っています。

さて、この場合、どちらがダイエットに成功すると思いますか？

これもBさんですよね。なぜなら、**「定期的な確認」**をしているからです。

次に、Aさんは「私は48キロという数字を目指しています」と言っています。

一方、Bさんは「青いドレスが着たいので、48キロを目指しています」と言っています。


この場合は、どちらが成功するでしょうか？

これもBさんです。この「青いドレス」のことを、私は**「表面的な目的や目標」**と呼んでいますが、このような目に見えるものがあったほうが、単なる数字だけのときよりも成功しやすくなるのです。


もし、現在のあなたの仕事の目標が単なる数字だけであり、その数字を追いかけることしか考えていないのなら、残念ながら、今のあなたはAさんと同じ状態であるということです。数字の目標を立てるだけで満足しないよう、注意しましょう。


今度は、Aさんは「青いドレスを着るために48キロを目指す」と言っています。

一方、Bさんは「青いドレスを着て、友だちの結婚披露宴のパーティーに参加するために48キロを目指す」と言っています。

さて、どちらが成功するでしょうか？

この場合もBさんですね。先ほど「表面的な目的や目標」と表現したのは、こちらが**「本当の目的や目標」**だからです。

つまり、Ｂさんはパーティーで注目されることが本当の目的や目標で、それが達成されるのであれば、絶対に青いドレスでなければならないわけではなく、パーティーで目立つという本当の目標を達成するためなら、黄色いドレスでも、ピンクのワンピースでも、赤いパンツスーツでも、他に選択肢は無限にあるということなのです。

表面的な目標である「青いドレス」は、本当の目標を達成するためのひとつの手段でしかないのです。

では最後に、「パーティーに参加するためにやせたい」と言うＡさんと、「彼氏が欲しくてパーティーで彼氏を見つけたいのでやせたい」と言うＢさんでは、どちらがダイエットに成功すると思いますか？

Ｂさんは、新郎の友だちの中に、イケメンでエリートがいることを知っているので、パーティーに参加して、なんとか彼氏をゲットしたいと思っているわけです。

この場合も、Ｂさんです。なぜなら、**「強い動機」**を持っているからです。

以上のことを整理すると、ダイエットに限らず、どんなことでも成功できるかどうかは、次の7つのことが明確になっているかどうかで決まるのです。

①明確な理想
②正確な現状の把握
③適切な期限
④定期的な確認
⑤表面的な目的や目標
⑥本当の目的や目標
⑦強い動機

これらは一つでも欠けると成功する確率が下がったり、成功するまでの時間が大きくかかってしまう場合が多くなるので注意してください。

ポイント

成功者は7つのチェックポイントを知っている

図８　成功するための７つのチェックポイント

- □ 明確な理想はあるか？
- □ 正確に現状を把握しているか？
- □ 適切な期限を設定しているか？
- □ 定期的に確認しているか？
- □ 目的や目標を達成するための手段は何か？
- □ 本当の目的や目標は何か？（現実面で何を手に入れたいのか？）
- □ 強い動機は？（感情面で得たいものは？）

04

決められない人

決めたことを周囲に黙っている

決断できる人

続けざるを得ない状況に自分を追い込む

決めたことを行動に移し、それを続けていくための効果的な方法の一つが、**続けざるを得ない状況に自分を追い込む**というものです。

あなたも大きな犬に追いかけられたら、逃げるために走り続けると思いますが、そのような状況を自らつくりだすわけです。


では、具体的にどうすればいいのか？　それは、宣言することです。

たとえば、ダイエットをすると決めたら、そのことを周りの人に言うのです。

決断できない人は、できなかったときのことを考えて、周りに言わないものですが、決断できる人は宣言することで自分を追い込むのです。


自分の中で思っているだけでは、よほど意志が強い人でない限り、甘えが出てしまってなかなか続かないことでしょう。

しかし、周りの人に宣言することで、宣言した手前、ダイエットに失敗したらかっこ悪いという意識がはたらき、結果が出るまで続けようという気になるのです。

ただし、宣言する場合に注意することがあります。それは、具体的であること。

たとえば、ダイエット宣言をする場合、**単に「ダイエットします」ではなく、「いつまでに、どんな方法で、何キロやせます」というように、具体的に宣言するのです。**

その際のポイントとは、第3章で紹介した魔法のキーワードである「マーケティングの11項目」を意識しながら宣言すること。

今はブログやフェイスブックなどのSNSもあり、宣言しやすい環境が整っていますので、誰でも簡単に宣言することができます。

自分の夢やビジョンが明確になっていて、それに向かって一直線に進んでいける意志の強い人は宣言しなくても大丈夫ですが、意志の弱い人は自分を追い込むためにも、必ず宣言するようにしましょう。

ポイント

魔法のキーワードである「マーケティングの11項目」を意識しながら、具体的に宣言する

05

決められない人

最初から高いハードルを設定する

決断できる人

できるだけハードルを下げて挑戦する

あなたは「今日から毎日スクワットを50回やるぞ！」と決めたのに、三日坊主で終わってしまった経験はないでしょうか？

おそらく多くの人が、似たような経験があると思います。

じつは、私にもあります。

若いころの私は、テレビでボクシングを観ると、すぐに「よし、俺もスクワットをして体を鍛えよう！」と思い立って、コマーシャルの間にスクワットをするタイプでした。

そして、「毎晩、スクワットを50回やる」と決め、実際にやり始めるのです。

ところが、週末に飲み会があって、ベロンベロンに酔っ払って帰ってくると、「今日は1日休んで、明日からまたやろう」となるわけです。

しかし、1日休んでしまうとダメなんですね。それ以降、パタッとやらなくなってしまうのです。

その後も、テレビでボクシングを観るたびに、再び思い立ってスクワットを始めるわけですが、前回は自分が決めたことができなかったから、男として情けないという思いがある。

そこで、自分にペナルティーを科す意味で、今回は60回にしようと回数を増やすわけですが、結局は前回と同じように飲み会がきっかけで中断してしまうのです。

実際、こんなことが何度もありました。


そこで、「こんなことではダメだ！」と思った私がとった行動は、思いっきりハードルを下げることでした。

多くの人が続けることができないのは、最初から高いハードルを設定しすぎるからです。私もそうでした。だから、私はスクワットの回数を1日1回に変更。これによって、飲んで帰ってきた日でも続けられるようになったのです。

1回のスクワットがちゃんと続けられるようになると、人間は不思議なもので、回数を増やすことにチャレンジしたくなるものです。

そして2回、3回と徐々に回数を増やしていくうちに、気がついたら、かつて三日坊主になっていたスクワット50回のハードルが、最終的には毎日しっかり続けられるまでになりました。

ビジネスでも同じ。

たとえば、経験の少ない営業マンに対して1日30件の訪問営業や、1日100件のテレアポといった高いノルマを課してしまうと、その営業マンはすぐに会社を辞めてしまいます。

しかし、**最初は低い目標を設定して、徐々に上げていくようにすると、その営業マンは会社を辞めずに定着することが多い**のです。

また、初めて独立起業した人の多くは、いきなり1か月の売上目標を100万円など高く設定しがちです。

しかし、私は月間目標よりも1日の売上目標、たとえば1日1万円といった低い目標を立てることをおすすめしています。

なぜなら、そのほうがハードルが低くなって、続けられる可能性が高くなるからです。また、がんばろうという意欲も湧いてくることになります。

最初から目標を高く設定しすぎないこと。

これが続けられるポイントです。

ポイント

最初から目標を高く設定しすぎない

06

決められない人

それだけを単独で
やろうとする

決断できる人

すでに習慣化している
こととセットにする

朝起きたらトイレに行く。食事の後は歯を磨く。会社に着いたらパソコンの電源を入れる……などなど、あなたにも習慣になっていることがあるはずです。すでに習慣化しているこうした行動は、意識しなくても、気がついたらやっていますよね。

じつは、このような行動に、新たに習慣化したい行動を連動させることが、続けるための効果的な方法なのです。私はスクワットを20年以上続けていますが、これだけ続けてこられたのは、最初のころにこの方法を取り入れたからです。

前述したように、スクワットを続けられなくなった私は、最初は回数を1日1回に減らすことによって、続けることに成功しました。

ところが、1日1回だと「スクワットをやらなきゃ！」という意識が低くなって、忘れてしまうんですね。

そこで、私は忘れないようにするために、**すでに習慣になっていることとセットにする**ことにしたのです。

具体的には、当時すでに習慣になっていた毎朝シャワーを浴びるという行動に、スクワットをセットすることにしました。

もともと毎朝シャワーを浴びるときに、頭を洗いながら、この時間がもったいないと思っていたので、頭を洗いながら素っ裸でスクワットをすることにしたのです。

そして、徐々に回数を増やしていき、今では80回になりました。

これ以上回数を増やさなかった理由は、頭を洗っている時間にスクワットをできる回数がちょうど80回くらいだったということもありますが、90回とか100回に増やしてしまうと、回数が多すぎて止めたくなってしまうからです。

私にとっては、80回という回数が、続けることができる回数の上限だったのです。

回数はともかく、すでに習慣になっているものと連動させることは、新たなことを続けるうえでは非常に有効な方法です。

あなたも何か続けたいことがある場合は、すでに習慣になっているものにくっつけられないかどうか、ぜひ探してみてください。

ポイント

くっつけられる習慣がないかどうかを探してみる

07

決められない人

どんぶり勘定で
考えがち

決断できる人

きちんと数値化する

数値化するというのも、続けるための重要なポイントです。

たとえば、ダイエットをするとしましょう。

ダイエットをした経験のある人ならわかると思いますが、ダイエットを始めて少しずつでも体重が減っていれば、そのままダイエットを続けると思います。

しかし、一向に体重が減らなかったり、逆に体重が増えていたりすると、ダイエットをやめてしまうことでしょう。

つまり、**人は自分がやっていることの成果が出ていると、続けようという気になるけれども、成果が出ていないと続ける気力がなくなってしまう**ということです。

一方で、そもそも成果が出ているのか出ていないのかがわかっていないまま続けようとしている人もいますよね。それでは、なかなか続けることはできません。

もし家に体重計がない状態でダイエットをスタートしたらどうでしょうか？

食事制限や運動に努力して取り組んでいるにもかかわらず体重計がないために、体重が減っているのか増えているのかがまったくわからない……そんな状態で努力を続けることができるでしょうか。

続けるために大切なのは、今の自分の状態を把握することです。

ダイエットでいえば、今自分が何キロなのかを知る必要があるわけです。

毎日体重計に乗って体重を量り、それを記録する――。それが「数値化する」ということです。

仕事も同じです。

1日の売上目標や1か月の売上目標を立てたとしても、今日いくら売ったのか、月間目標との差額はどれくらいあるのかを、毎日きちんと数値化して把握していなければ、あといくら売ればいいのかがわからなくなります。

どんぶり勘定では、決めたことを達成することはできないのです。

本当に自分が続けたいと思っていることは、きちんと数値化をして確認できるようにしておくことが重要といえるでしょう。

あなたの夢はなんですか？

あなたは何を達成したいのですか？

そのために何を決め、何を続けますか？
今、毎日数値化して確認しているものは何ですか？
それで、これからのあなたの人生が決まるのです。

ポイント

成長が見えれば、続けることができる

この章のまとめ

- 成功者は4つのステップを踏んでいる
- 続けられる人は、「マネジメントの3項目」のバランスをうまくとっている
- 成功者は7つのチェックポイントを知っている
- 魔法のキーワードである「マーケティングの11項目」を意識しながら、具体的に宣言する
- 最初から目標を高く設定しすぎない
- くっつけられる習慣がないかどうかを探してみる
- 成長が見えれば、続けることができる

おわりに

さて、いかがでしたでしょうか？

本当の「決める」とはどういうことなのか、ということについて、ご理解いただけたでしょうか。

本文でも書きましたが、多くの人は「決める」と「思っている」を混同していま す。決めたと思っているだけで、実際には決めていないことが多いのです。

本当の「決める」には、行動が伴います。「決める」と「やる」はセットなので、行動の伴わないものは、決めたとは言いません。

ただ思っているだけです。

このような「思っているだけ」を「決める」に変え、さらに決めたことを「続けて」いくことで、あなたはあなたの望む幸せと、その先にある成功を手に入れることができるのです。

そして、そのためのノウハウの根幹を成すものが、マーケティングとマネジメントです。

具体的には、「決める」ノウハウが「マーケティングの11項目」で、「続ける」ノウハウが「マネジメントの3項目」です。

この2つのノウハウを実践していけば、あなたの仕事は劇的に変わります。仕事だけでなく、人生も大きく変わることでしょう。

これまであなたが「やろう！」と思っても、それが実現していないとしたら、それは、「マーケティングの11項目」をすべて埋めていなかったからです。もし実現したことがあったとしても、それはたまたま運よく11項目が埋まっただけでしょう。

しかし「マーケティングの11項目」が頭に入っていれば、埋めるべき項目がわかっていますから、決めるスピードは確実に速くなります。

今まで物事をなんとなく決めていた人も、このノウハウがあれば、決断に3日かかっていたのが、今日から1日で決められるようになるでしょう。

つまり、これまでより3倍速く決められるようになるので、これまでよりも3倍のことができるようになるというわけです。

3日かかったことが1日でできるようになるということは、3週間かかったことが1週間で、3か月かかったことが1か月で、3年かかったことが1年でできるようになるということです。あなたの人生はどれほど充実するでしょうか?

あなたの人生は一気に加速するはずです。これまでの人生もこれから大きく巻き返すことが可能になるのです。

さらに、「マネジメントの3項目」のバランスがとれるようになると、決めたことが続けられるようになります。

継続できるようになれば、決めたことが実現するスピードがさらに上がりますから、これまで以上に速く、幸せや成功に近づくことができます。

本書の冒頭に書いたように、「自分の人生の経営者は自分自身」です。

自分の人生を成功へと導くための舵取りをするのは、ほかの誰でもないあなた自身なのです。

現在、私は北海道から九州まで、全国で、「成功塾（商標登録済み）」という名前の塾を開催していますが、その塾では、自分の価値観を定め、それに基づいて決断し、行動し、幸せになるためのノウハウや、さらに成功するためにどうやって仲間を集めるかをテーマにした学びの場を提供しています。

そこには、業種、業態、規模を問わず多様な企業の経営者から、サラリーマン、個人事業主、学生まで、いろいろな人が集まっています。

サラリーマンの人は特に、自分も自分自身の人生を経営しているのだという意識を持ってほしいと思います。

そのうえで、自分という商品の価値をどのようにして高め、それをどのようにして売り込んでいくのかを経営者視点で考えることが、あなたの人生にとって非常に大事なことなのです。

経営者は「決める」のが仕事であり、すべては「決める」ことから始まります。

そのノウハウを広く皆さんに使っていただけるよう、本書でご紹介してきました。

これらのノウハウが、あなたが幸せと成功へと近づく一助になれば、著者としてこれに勝る喜びはありません。

あなたの成功を、心から祈っています！

実践経営コンサルタント　柳生雄寛

なかなか自分で決められない人のための「決める」技術

発行日　2019年1月25日　第1刷
　　　　2019年2月25日　第2刷

Author　柳生雄寛

Book Designer　小口翔平＋喜來詩織＋山之口正和(tobufune)
Illustrator　山内庸資

Publication　株式会社ディスカヴァー・トゥエンティワン
〒102-0093　東京都千代田区平河町2-16-1 平河町森タワー11F
TEL　03-3237-8321(代表)　FAX　03-3237-8323
http://www.d21.co.jp

Publisher　干場弓子
Editor　千葉正幸

Marketing Group
Staff　清水達也　小田孝文　井筒浩　千葉潤子　飯田智樹　佐藤昌幸　谷口奈緒美　古矢薫　蛯原昇　安永智洋　鍋田匠伴　榊原僚　佐竹祐哉　廣内悠理　梅本翔太　田中姫菜　橋本莉奈　川島理　庄司知世　谷中卓　小木曽礼丈　越野志絵良　佐々木玲奈　高橋雛乃

Productive Group
Staff　藤田浩芳　原典宏　林秀樹　三谷祐一　大山聡子　大竹朝子　堀部直人　林拓馬　松石悠　木下智尋　渡辺基志

Digital Group
Staff　松原史与志　中澤泰宏　西川なつか　伊東佑真　牧野類　倉田華　伊藤光太郎　高良彰子　佐藤淳基

Global & Public Relations Group
Staff　郭迪　田中亜紀　杉田彰子　奥田千晶　連苑如　施華琴

Operations & Accounting Group
Staff　山中麻吏　小関勝則　小田木もも　池田望　福永友紀

Assistant Staff
俵敬子　町田加奈子　丸山香織　井澤徳子　藤井多穂子　藤井かおり　葛目美枝子　伊藤香　鈴木洋子　石橋佐知子　伊藤由美　畑野衣見　井上竜之介　斎藤悠人　宮崎陽子　並木楓　三角真穂

DTP　株式会社RUHIA
Proofreader　株式会社T&K
Printing　日経印刷株式会社

ISBN978-4-7993-2416-5